괜찮아?!

내 안에 스멀거리는
불안·우울·무기력을 이기는 지름길

괜찮아?!

2024년 4월 22일 처음 펴냄

지은이 이남석
펴낸이 신명철 | 편집 윤정현 | 영업 박철환 | 관리 이춘보 | 디자인 최희윤
펴낸곳 (주)우리교육 | 등록 제 313-2001-52호
주소 10403 경기도 고양시 일산동구 정발산로 24
전화 02-3142-6770 | 팩스 02-6488-9615
홈페이지 www.urikyoyuk.modoo.at

ⓒ 이남석, 2024
ISBN 979-11-92665-31-3 43180

괜찮아?!

내 안에 스멀거리는 불안·우울·무기력을 이기는 지름길

이남석 지음

우리교육

때로는 마음의 지름길을 이용해도 좋습니다

안녕하세요? 저는 심리학자 이남석입니다. 여러분의 마음을 이 책에 더 잡아두기 위해 심리학자라는 단어 앞에 멋있는 꾸밈말을 붙이고 싶네요. 하지만 이 책 분위기에 맞게 좀 더 진지하고 솔직하게 말하겠습니다.

저는 "우울증"과 "불안 장애"와 "무기력"에 빠졌던 사람입니다. 그리고 그 부정적인 마음에서 벗어난 심리학자기도 합니다. 이렇게 두 문장으로 딱 쓰고 나니 단순해졌네요. 히말라야 등정도 "산에 올랐다. 그리고 내려왔다."라는 문장으로 정리하면 아주 간단해 보이는 것처럼요.

그런데 이 책에서는 개인적으로 얼마나 힘들었고 어떤 길을 택해 무사히 부정적인 마음에서 벗어났는지에 관한 이야기는 거의 하지 않으려 합니다. 등산에도 지름길이 있고, 더 편하고 더 쉬운 길이 있습니다. 시행착오를 겪으며 어렵게 걸었던 길 대신, 제가 심리학 공부를 해서 알게 된 길, 직접 상담한 청소년과 성인들을 통해서 더 확실히 알게 된, 안전하면서도 빠른 지름길을 보여 주려 합니다. 여러 연구에서 검증된 여러 가지 부정적인 마음의 정체와 해결 방법을 더 편하고 쉽게 여러분과 나누고 싶어 이 책을 썼으니까요.

부정적인 마음은 다양합니다. 후회, 수치심, 분노, 죄책감, 집착 등이 있습니다. 그런데 이 책에서는 불안, 우울감, 무기력에 집중하려고 합니다.

첫 번째 이유는 이 세 가지 부정적인 감정이 인생 전체를 좌우할 수도 있을 만큼 아주 중요하기 때문입니다. 불안 때문에 일상을 살 힘을 잃고, 무기력에 빠져 하루하루 버티는 것도 힘겨워하거나, 우울증이 심해져 자살하는 예도 있고, 우울증에서 벗어나 더 강한 마음으로 성장하는 때도 있는 것처럼 이 세 감정은 서로 큰 영향을 줍니다.

두 번째, 불안해서 우울하고, 우울해서 무기력해지기도 하고 무기력해서 불안한 식으로 세 감정은 서로 깊이 관련되어 있어 묶어서 설명하는 게 더 효과적입니다.

세 번째, 불안과 우울감과 무기력은 대처 방법이나 해결 방법이 공통적인 것이 많아 묶어 실행하는 게 더 효과적이기 때문입니다. 예를 들어 주로 불안 때문에 익혔던 문제 해결 방법이 우울감과 무기력 예방에도 도움이 될 수 있습니다.

이런 이유로 1부에서는 각 부정적인 마음들의 뿌리와 관련성, 기본 해결 방향을 다뤘습니다. 2부에서는 세 가지 부정적인 마음에 모두 쓸 수 있는 문제 해결 방법을 모아서 사례와 함께 설명했습니다. 1부에서 다룬 개별적인 문제 해결 방법을 읽어 보기 전에 2부에 소개한 방법을 먼저 활용하기를 추천합니다. 그래서 애초 기획한 바대로 이 책에 담긴 내용이 세 가지 부정적인 마음에 대한 치료만이 아니라 예방에도 도움이 될 수 있기를 바랍니다.

등산은 가만히 있는 것보다 힘이 드는 게 사실입니다. 하지만 그 힘을 쓸 만한 가치가 있습니다. 막힌 것 없이 탁 트인 시각으로 더 행복해지고 더 강해지고 더 편해지는 마음을 얻을 수 있으니까요. 다른 사람들이 간 길 중에 가장 좋은 길을 안내하겠습니다. 여러분 자신의 속도와 보폭에 맞게 따라와 주세요. 제가 상담했던 청소년들처럼 재미있는 시간을 보낼 수 있을 거예요. 멀리 가는 길이 아니라, 일단 한 걸음 내딛는 것에만 집중하는 게 성공의 핵심입니다. 그런 의미에서 여기까지 읽으신 여러분은 한 걸음을 이미 뗀 셈입니다.

책장을 넘겨 이제 다음 걸음을 떼 보세요. 힘들면 잠깐 멈춰도 돼요. 더 나아지고 싶은 마음은 어디 가지 않을 테니까요. 그 마음이 부정적인 마음 틈바구니에서 잠깐이라도 숨을 쉬러 나올 때 또 이 책을 펼쳐도 돼요. 여러분의 행복을 진심으로 응원합니다.

차례

2부 부정적인 마음 뻔개기

1부

내 안에 스멀거리는

부정적인 마음들

1. 나 혼자만 초조한가?

_ 불안을 만드는 마음

나는 얼마나 불안해하고 있을까?

① 내 마음 확인하기

다음 문항들의 내용을 보고 자신의 상태와 일치하는 정도를 점수로 표시하세요. 전혀 일치하지 않을 때는 0점. 완전히 일치할 때는 3점입니다.

1. 침착하지 못하다.	
2. 나쁜 일이 일어날 것 같은 생각이 든다.	
3. 손이나 다리가 자주 떨린다.	
4. 가끔 심장이 두근거리고 빨리 뛴다.	
5. 흥분된 느낌을 받는다.	
6. 어지러움이나 현기증을 느낀다.	
7. 편안하게 쉴 수가 없다.	
8. 자주 겁을 먹고 무서움을 느낀다.	
9. 신경이 예민하다.	
10. 가끔 숨이 막히고 질식할 것 같다.	
11. 안절부절못한다.	
12 미치거나 죽을 것 같은 두려움을 느낀다.	

13. 자주 소화가 잘 안 되고 늘 뱃속이 불편하다.	
14. 자주 얼굴이 붉어지곤 한다.	
15. 근육이 긴장되어 뻣뻣해지고 저린다.	
16. 여러 가지 일을 걱정한다.	
17. 일단 걱정하기 시작하면 멈출 수가 없다.	
18. 무슨 일 하나를 끝내면 곧바로 해야 할 다른 일을 걱정하기 시작한다.	
19. 쉽게 짜증이 나거나 쉽게 성을 낸다.	
20. 아무 생각 없이 편하게 있기가 어렵다.	

② 채점 방법 및 결과 해석

각 문항에 답한 점수를 합하세요. 총점의 범위는 0~60점이 됩니다.

45점 이상 심한 불안 상태입니다. 이른 시일 안에 전문적인 도움을 받는 것이 좋습니다. 예약을 기다리는 동안 이 책의 내용이 도움 되기를 바라지만, 전문가의 밀착 서비스를 더 추천합니다.

35~44점 불안을 느끼는 정도가 상당한 상태입니다. 불안을 극복하기 위해 적극적으로 노력해야 합니다. 이 책에

나온 여러 가지 해결 방법을 꼭 실천해 주세요.

25~34점   가벼운 불안을 경험하고 있는 상태입니다. 현재 크게
          문제될 것은 없지만 좀 더 안정할 방법을 찾는 게 좋
          습니다. 이 책에 나온 불안이 만들어지는 원리와 해
          결 방법을 이해하고 예방·관리하기를 추천합니다.

0~24점   심리적으로 안정되어 정상적인 수준의 불안을 느끼
          는 상태입니다.

참고로, 방금 한 검사는 대전대학교 혜화 리더십 카운슬링 센터
에서 만든 불안 검사와 펜스테이트 걱정 질문지PSWQ를 합친 검사
입니다. 혜화 리더십 카운슬링 센터의 검사가 신체적으로 드러나
는 불안 증상을 주로 다룬 한계가 있어 국내 사정에도 맞는 외국
검사 문항을 추가로 반영했습니다. 이 책의 검사 결과뿐만 아니라
스스로 불안 정도가 높다고 생각한다면, 병원과 상담 센터에서 전
문가 상담을 받아서 더 세밀하게 진단받기를 추천합니다.

앞으로 무슨 일이 생기면 어떡하지? _ 불안 장애와 불안

여러분은 일상에서 느끼는 부정적인 마음이라고 하면 무엇부터

떠오르나요? 우울증이요? 맞아요. 우리나라 우울증은 심각합니다. 보건복지부가 발표한 〈2021년 정신건강 실태조사 보고서〉에 따르면 우리나라 국민이 평생 우울증을 경험할 확률은 약 8%입니다. 즉 100명 중 여덟 명은 우울증을 경험한다는 뜻이지요.

그런데 우울증보다 더 일상과 밀접한 병이 있어요. 바로 불안 장애입니다. 보건복지부가 발표한 불안 장애 유병률은 9.3%예요. 즉 우울증보다 흔해서 열 명 중 한 명은 불안 장애로 고통을 겪는다는 뜻이지요. 그래서 이 책은 더 널리 퍼져 있는 불안 장애 이야기부터 시작하겠습니다.

불안 장애. 일단 장애라는 단어를 빼 볼까요? 불안. 훨씬 더 일상과 가깝게 느껴지지 않으세요? 맞아요. 이 익숙한 불안을 심리학에서는 어떻게 정의할까요? 불안은 '위험, 위협, 처벌과 같은 부정적인 결과가 있을 것 같지만 정확히 어떤 일이 벌어질지는 모를 때 생기는 감정'이에요. 불안은 일상적으로도 쓰는 단어예요. 심리학적으로 정의하니까 이해하기 어려울 수도 있겠네요. 확실히 이해할 방법을 알려드리지요.

불안의 정의에서는 부정적인 결과보다 어떤 일이 벌어질지 모른다는 '불확실성'이 더 중요해요. 부정적인 일이 있을 것 같아도 그게 언제 어디서 어떻게 벌어질지 알면 싫기는 해도 그렇게 불안하지는 않을 거예요. 놀이동산의 '유령의 집'과 같은 곳이 아니더라도 낯선 곳에 들어갈 때 불안한 것은 무엇이 있을지 모르는 불확실성 때문이랍니다.

불안을 다른 말로 두려움, 걱정이라고도 해요. 그런데 공포와는 달라요. 공포는 어떤 일이 벌어질지 모른다는 불확실성이 아니라, 구체적인 대상에 대한 부정적인 감정이거든요. 뱀 공포증, 광장 공포증, 폐소 공포증과 같이 말이지요. 높은 곳에 올라가는 것을 무서워하는 고소 공포증이 있는 사람도 좁은 곳에 들어가는 것은 아무렇지도 않을 수 있는 것처럼 공포증은 어떤 대상에 대해서만 작용해요. 하지만 불안은 불확실성이 핵심이라, 여러 가지 일들에 다 확산될 수 있어요. 즉 학교 일을 걱정하는 사람은 특정 사건이 벌어졌을 때 가족의 반응도 걱정하고, 자기가 사는 물건이 시원치 않을까 봐 걱정하는 식으로 계속 고통을 받아요.

여기에서 생각해 봐야 할 점이 있어요. 세상에는 확실한 게 더 많을까요, 불확실한 게 더 많을까요? 세상은 복잡한 요소와 조건이 어우러져 있고, 복잡한 마음을 가진 사람들이 시시각각 변하는 마음으로 말하고 행동하면서 살고 있어요. 당연히 불확실한 게 더 많죠. 그래서 누구나 불안을 갖고 있어요. 이것은 정말 확실해요.

너무 불안해하는 사람은 세상 사람들은 다 평안한데, 자기만 불안하다고 생각해요. 그래서 남들처럼 살지 못하는 자신을 싫어하거나, 불확실한 세상과 마주하는 것을 무서워해요. 세상과 부딪치며 사는 다른 사람들은 자기를 이해할 수 없을 거라며 마음의 문을 꼭꼭 닫아요. 다른 정보, 다른 시각이 들어오지 않으니 점점 자기만의 불안한 세계로 빠져듭니다. 불안한 마음으로 세상을 보니 더 불안해지는 악순환을 계속해요.

이런 악순환에 빠지지 않으려면 어떻게 해야 할까요?

아예 불안에 빠지지 않으면 될까요? 아닙니다. 다시 말하지만 누구나 다 불안해요. 정도의 차이가 있을 뿐이에요. 혹은 불안해도 그 정도를 낮추는 기술을 배웠을 뿐입니다. 아주 대담한 운동선수도 경기 전에 불안해하지만 그대로 있기보다는 잘할 수 있다고 자기에게 이야기하거나, 몸을 풀면서 불안의 정도를 낮추는 거예요.

불안하지 않으려 하기보다는 필요 이상으로 불안할 때 그 정도를 낮추는 게 현실적인 해결 방법이에요. 불안은 인간이 살아가는 데 필요하기 때문에 없어질 수가 없어요. 원시 시대에 숲속에 무엇이 있을지 불안해하며 조심했던 원시인은 불안해하지 않고 숲 속을 마구 돌아다니다가 맹수에게 잡아먹힌 사람보다 생존 확률이 높았답니다. 현대 사회에서도 차들이 속도를 줄이지 않고 지나가는데 불안해하지 않고 막 건널목을 건너면 큰 사고를 당하겠지요? 우리 삶에 도움이 되는 정도까지의 불안은 오히려 좋아요. 필요 이상으로 불안해하는 게 문제지요. 예를 들어 도로에 차가 없거나 있어도 아주 천천히 움직이는데도 만약 자신이 큰 사고를 당하면 어떻게 할까 불안해하는 마음은 삶에 도움은커녕 큰 방해가 되니 해결해야 해요.

불안은 대상에 따라 그 정도가 달라지기도 합니다. 다른 것은 다 느긋하게 받아들여도 특정 대상에 대해서는 더 불안해할 수 있어요. 중요하고 어려운 시험을 앞두고 어떤 문제가 나올지, 어떤 성적을 받을지 몰라서 불안한 것은 당연해요. 하지만, 가슴이 계속 콩닥콩닥 뛰어 아예 공부하지 못하거나 시험지의 글자를 제대로 읽지 못할 정도가 되면 시험 불안이 있는 것입니다.

수학여행을 가거나, 친구들과 놀러 가는 걸 좋아하지만 막상 집을 떠나는 게 매우 불안하다면 분리 불안이 있는 것입니다. 가족과 떨어져 혼자 어디 가게 되었을 때, 예상하지 못하는 일이 펼쳐질까 봐 아주 두려운 것도 분리 불안에 해당합니다.

낯선 누군가와 함께 있거나, 사람들 앞에서 발표할 때 어느 정도 불안한 것은 당연합니다. 하지만 등교 자체를 거부하고, 구토가 나오고 숨이 턱턱 막힐 정도로 불안하다면 사회 불안에 해당합니다. 이렇듯 심리학에서는 불안을 대상에 따라 구별하기도 합니다.

특정 대상보다는 거의 모든 대상에 대해서 불안을 느끼는 예도 있습니다. 이 경우를 심리학에서는 범불안 장애라고 부릅니다. 여행 가기 전에 기쁨보다는 나쁜 일을 겪을까 봐 두려워하고, 비행기를 타고 가다가 기체가 떨리면 비행기 자체에 뭔가 문제가 있거나,

조종사가 조종에 미숙하다고 생각하는 식으로 부정적 결과가 조금이라도 일어날 것으로 상상해서 불안의 정도를 높이는 상황에 해당합니다.

범불안 장애에 빠지면 여행에서 경험하는 즐거운 시간, 낯선 곳이 주는 신선함에 관심을 두지 못합니다. 조종사가 난기류에 능숙하게 대처해도 잠시 비행기가 떨리기라도 하면 부정적인 가능성을 찾아 불안을 더 키우는 데 정신적 에너지를 쓰니까요. 이렇게 부정적인 면에 집중하다 보면 우울해지기 쉽습니다. 우울증은 다음 장에서 더 자세히 다룰 테니 여기서는 불안을 더 집중해서 살펴보겠습니다.

걱정은 걱정을 낳고…… _ 확증편향과 파국화

다양한 불안 장애가 있지만, 불확실성에 대해 필요 이상으로 부정적인 방향으로 민감하게 반응한다는 점은 공통적입니다. 덜 민감하게 반응할 수 있도록 개인적으로 노력해야 하고, 사회적인 분위기도 덜 불안할 수 있게 만들면 문제가 해결되겠지요? 하지만 그게 쉽지 않습니다. 왜냐하면 심리학자 김태형이 《불안증폭사회》 위즈덤하우스, 2010에서 분석한 것처럼 한국 사회는 불안을 감소시키기

는커녕 오히려 더 증폭시키는 흐름에 있으니까요.

《불안증폭사회》에서는 한국 사회를 다음과 같이 분석합니다.

돈만 있으면 충분히 행복할 수 있다고 믿는 사회. 충분히 돈을 가지기 위해서는 모든 수단을 동원해 경쟁해야 하고, 경쟁에서 지면 나락으로 떨어지고, 그 어떤 안전장치도 없다고 믿는 사회. 돈이 없으면 인간 대접을 제대로 받지 못하는 사회. 계급을 나누고 다른 계급의 사람을 차별하는 사회. 생존하기도 쉽지 않고, 존중받기도 쉽지 않은 사회…….

그만하죠. 이렇게 말하는 것만으로도 가슴이 답답해집니다. 이렇게 불안을 증폭하는 사회에서는 불안한 게 당연합니다. 아니, 불안하던 마음이 더 커지는 게 오히려 자연스럽습니다. 저도 그래서 힘들었으니까요. 하지만 사회 전체를 바꾸지 않아도 불안을 줄이는 방법이 있습니다. 그 방법은 2부에서 차근히 다루도록 하겠지만, 기본적으로 여러분의 생각과 신체 상태 바꾸기입니다.

필요 이상으로 불안한 이유는 무엇일까요? 객관적으로는 그럴 필요가 없는데, 본인이 생각하기에는 불안해할 수밖에 없는 일이 일어날 것으로 생각해서입니다. 비행기가 떨리면 기체 결함이나 조종사의 미숙함이 일으키는 비행기 사고를 떠올리는 식으로, 실제로는 일어날 가능성이 거의 없는 부정적인 일을 가능성이 매우 높은 것으로 생각하니 민감할 수밖에 없습니다. 이렇게 사건 발생 가능성을 더 크게 생각하는 것을 과대평가라고 합니다.

과대평가에 빠지는 기본적인 이유는 사람들은 누구나 자기 생각이나 감정이 올바르다고 믿기 때문입니다. 자신의 부정적인 생각이나 감정이 옳다고 믿으니까, 그것과 일치하는 정보를 모으지요. 자기 생각과 감정과 일치하지 않으면 '다른 것'이 아니라, '틀린 것'이라고 생각해서 무시합니다. 이런 생각의 경향을 심리학에서는 확증 편향이라고 합니다. 자기의 믿음과 일치하는 정보만 선택하고, 반대되는 정보는 무시하니까 믿음이 바뀔 기회가 그만큼 사라집니다.

그리고 머릿속을 파국적인 장면으로 채웁니다. 이것을 파국화라고 합니다. 끔찍한 비행기 사고, 자신이 어쩌지 못하는 상황 등 일어날 가능성이 적지만 그 이미지가 너무 생생해서 마치 금방이라도 일어날 것 같은 느낌이 듭니다. 그러면 더 불안해집니다. 더 불안해지니 불안에서 빠져나오는 것도 더 힘들어집니다.

꼬리에 꼬리는 무는 생각에 브레이크 걸기
_ 비합리적 신념과 자동적 사고

세상에는 위험한 일도 많이 일어납니다. 하지만 그 일이 실제로 자기에게 일어날 확률은 객관적으로 그리 크지 않아요. 세상에서는 비행기 사고도 분명 일어납니다. 하지만 자신이 그런 사고를 당할 가능성은 높지 않아요. 위험이 있느냐, 없느냐와 같이 이분법으로만 생각하면 있다고 결론을 내리면서 그 가능성을 과장합니다. 상상하면 아주 구체적으로 두려운 상황이 펼쳐져서 실제로 더 일어날 것처럼 느끼게 됩니다. 그래서 일단 과대평가하는 단계에서 멈추는 게 좋습니다. 두려운 일이 실제로 일어날 확률을 통계로 찾아보고 객관적으로 판단하려고 노력해야 합니다.

주관적인 판단이 아니라, 객관적인 증거에 더 의존하면 불안에서 벗어날 수 있습니다. 예를 들어 실제 비행기 사고 확률을 알면 비행기를 탈 때 덜 불안해합니다. 자기 생각에만 빠져 있는 게 아니라, 기장이 방송으로 "난기류를 통과하고 있어 기체가 계속 흔들릴 수 있다."라고 전하는 정보를 받아들이는 것도 도움이 됩니다. 기내에 비치된 위기 상황에 대처하는 안내 책자를 보고, 속수무책으로 당하는 게 아니라 그래도 대처할 방법이 있다고 자신을 다독여야 합니다.

비행기 여행만이 아니라 세상에는 불안을 낮출 객관적인 정보가 있습니다. 그 정보를 바탕으로 생각하면 삶에 필요한 불안은 어느 정도 유지하면서도 필요 없는 불안을 멈출 수 있습니다. 그 구체적인 방법과 다른 방법은 2부에서 마저 다루겠습니다.

그런데 여기에 변수도 있습니다. 만약 자신에 대한 믿음이 강하다면 어떨까요? 부정적인 일이 생기더라도 자기 능력이나 다른 사람의 도움으로 적절하게 위기를 돌파할 수 있다고 믿으면 덜 불안하겠지요? 하지만 앞에서 말한 것처럼 불안 증폭 사회에서는 다른 사람을 도움을 주는 존재로 여기기보다는 경쟁 상대로 생각해 기대를 접기 쉽습니다.

그렇더라도 자기 자신에 대한 믿음을 더 가져 보는 건 어떨까요? 불안으로 힘들어했지만 그렇게 불안해하던 끔찍한 일은 겪지 않고 버텨낸 자신을 믿는 것부터 시작해 보는 것도 좋습니다. 무턱대고 자기가 잘할 것으로 믿자는 게 아니라, 실제로 버텨내는 자신을 객관적으로 믿어 보자는 것이지요. 주관적으로 잘 못 할 것이라며 깎아내리지만 말고 말입니다.

필요 이상으로 느끼는 불안에는 자신에 대한 부정적인 신념이 숨어 있습니다. 그래서 자신에 관한 생각을 바꾸는 것이 문제 해결의 기본 방향이 됩니다. 그와 동시에 외부 정보를 다르게 처리하는 것도 불안 해결의 기본 방향입니다.

앞서 말한 범불안 장애는 미래를 과도하게 걱정하고, 그 걱정을 잘 통제하지 못해 항상 걱정에 시달리는 것이 특징이에요. 병에 걸리지 않을까, 다치지 않을까, 마음에 상처 입지 않을까, 어떤 상황에 제대로 대처하지 못할까, 비난받을까 등등 늘 걱정하니 안절부

절못하고 쉽게 피곤해지며 주의 집중이 어렵고 근육이 긴장되며 수면에도 곤란을 겪습니다. 저절로 떠올라 불안하게 만드는 생각을 가리켜 자동적 사고라고 해요. 자동적 사고는 의도적으로 조절할 수 없고 자꾸 의식에 떠올라 끊임없이 걱정하게 만들어요.

예를 들어 조별 과제에서 발표를 담당하게 되었는데, 즉각적으로 반 학생들이 자기를 비난하는 이미지를 떠올리며 불안해한다면 비난을 두려워하는 자동적 사고에 빠진 거예요. 어떤 비판을 하더라도 다른 조원이 나서서 방어할 수도 있고, 최악의 상황을 가정해도 발표한 학생을 비난하는 게 아니라 주장을 반박하는 정도일 거예요. 하지만 자동적 사고에 빠지면 상황을 꼼꼼하게 따지지 못하고 머릿속에 나쁜 상황을 계속 떠올리게 돼요.

필요 이상으로 걱정하는 사람은 나름대로 걱정이 도움이 된다고 생각해요. 꼼꼼하게 걱정하면 미래에 부정적인 일이 벌어질 것을 대비할 수 있다고 믿는 거예요. 하지만 걱정했던 파국은 애초에 일어날 가능성이 작았던 것인데 과대평가한 것일 뿐, 걱정해서 그 발생 가능성을 줄인 게 아니에요. 애초에 일어나지 않을 일로 쓸데없이 괴로워한 거예요. 필요 이상으로 걱정하는 것 자체가 피해예요.

앞에 불안과 걱정이 도움이 된다고 썼다고요? 맞아요. 하지만 필요 이상의 걱정이 도움이 된다고 하지는 않았어요. 필요 이상으로 걱정하고는 그나마 도움이 되는 면은 대비했다는 기분을 느끼지만, 실제 대비한 것은 아니에요.

세상과 미래는 불확실한 게 훨씬 많고, 걱정한다며 미리 몇 가지 요소를 떠올린다고 해서 대비할 수 있거나 막을 수 있다고 생각하는 건 논리적으로 말이 안 되겠지요? 하지만 감정적으로는 충분히 말이 된다고 여겨요. 그래서 걱정하기를 멈추지 않아요.

걱정하기를 멈추면 진짜 큰일이 날 것 같아 더 불안해요. 그러니 이런 일 저런 일을 다 걱정해요. 모든 일에는 긍정적인 면과 부정적인 면이 함께 있어요. 그런데 부정적인 면을 집중해서 보면 부정적인 면으로 가득 찬 것 같다는 착각에 빠져요. 이게 문제에요. 사실은 원래 있는 위험을 발견한 것이 아니라, 자신이 부정적인 면을 과대평가해서 보는 거예요. 위험을 만든 것에 더 가까운 셈이죠.

걱정하기 시작하면 '아, 내가 또 걱정을 키우고 있구나.'라면서 알아차리는 게 중요합니다. 자기가 당연하게 생각하는 게 아니라, 실제보다 과장해서 생각한다는 사실을 깨닫는 것에서 문제 해결이 시작됩니다.

잠깐만요! 이 말을 걱정에 빠진 사람을 공격하는 것으로 듣지 말아 주셨으면 해요. 부족하다거나, 못났다고 이야기하는 게 아니에요. 자기에 대한 부정적인 믿음이 있어 불안에 더 빠지는 거라서 이런 말을 하는 것 자체가 저도 부담돼요. 하지만 제가 좋은 인상을 유지하는 것보다 불안에 빠져 힘들어하시는 분의 인생이 더 소중하니 용기를 내서 말해 봅니다.

여러분은 부족한 게 아니라, 단지 마음을 편하게 하려고 더 고려할 면을 잠시 미뤄 놓은 사람에 가까워요. 이제부터 그 미뤄 놨던 면을 보기만 하면 돼요. 걱정할 때 촘촘하게 썼던 에너지의 방향만 바꾸면 금방 나아질 수 있어요. 돌아가는 길을 선택해서 고생한 것이지, 걸을 능력이 없었던 게 아니니까요. 이제 발걸음을 불안의 절벽이 아닌, 지름길로 옮기기만 하면 돼요.

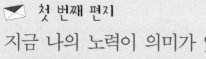

지금 나의 노력이 의미가 있는지에 집중해 봅시다

지식소설 《앤의 오두막으로 놀러 오세요》우리교육, 2021에는 다양한 고민이 있는 청소년이 나옵니다. 실제로 제가 만났던 청소년들의 사연을 바탕으로 소설을 썼답니다. 그런데 그 소설에 넣지 못했던 사례가 있어 소개할까 합니다.

저를 찾아온 학생은 가정환경이 풍족하고, 중학교 때부터 외국에서 생활하는 청소년이었습니다. 그래도 외국에서 영어로 깊은 상담을 하는 것은 힘드니, 방학 기간에 한국에 왔을 때 부모님이 저와 만나게 했습니다.

"저는 불안해서 진로를 자주 바꿔요."

검사 결과 심각한 불안 장애는 아니었지만, 불안을 자주 느끼는 편이기는 했습니다. 그 학생은 민간 기관에서 진행한 일종의 교환학생 프로그램으로 미국에 가서 현지 중학교에 다녔습니다. 아무리 한국에서 준비했어도 여러 과목을 영어로 수업하는 것을 알아듣고, 과제물도 영어로 내는 것은 힘들었다고 했어요.

"이렇게 공부해 봤자, 좋은 대학 가기는 힘들 거 같더라고요. 그래서 한 학기 만에 노래를 선택했어요. 학교가 아니라 전문 센터에서 제대로 배우기로 했지요."

"노래는 재미있었나요?"

"처음에는 재미있었는데…… 몇 개월 하니까 재미가 없어졌어요."

"왜요?"

"몰라요."

상담실을 찾은 의뢰인은 샐쭉한 표정으로 대답하고는 입을 닫았습니다. 제가 조심스럽게 물었습니다.

"혹시 기대했던 것보다 나아지는 정도가 더뎌서는 아니었나요?"

"그랬던 거 같아요."

"그만두기 전에는 아주 열심히 하지 않았나요?"

"어, 어떻게 아셨어요? 연습실에 가장 먼저 와서 가장 늦게 갔어요."

저는 고개를 끄덕였습니다. 굳이 말하지 않았지만 떠오르는 사람들이 있었거든요.

"이런 식으로 해서 뭐가 될 수 있을까 걱정이 되는 거예요."

"그랬군요. 그냥 싫증이 난 게 아니라, 불안해서였다고요?"

"네, 이대로 노력한다고 해도 결과가 안 좋을 거 같았어요."

저는 이 말을 들으며 의뢰인이 갖고 있을 수 있는 비합리적인 신념과 자동적 사고를 떠올렸습니다. 그 사이 의뢰인이 밝은 목소리로 이야기를 꺼냈습니다.

"센터를 다니다 보니까, 댄스 강습도 있더라고요. 그래서 신청했어요."

"재미있었나요?"

"네, 좋아요."

의뢰인의 밝은 표정은 이내 어두워졌습니다.

"좋기는 한데, 이번에도 하다가 곧 관둘까 봐 걱정이에요. 저도 그렇고, 부모님도 그렇고요."

의뢰인에게는 '나는 포기를 잘하는 사람이다'라는 부정적인 신념이 숨어 있었어요. 일단 그 신념부터 바꾸고 싶었어요. 자기에 대한 믿음이 생기면 불안함을 덜 수 있으니까요.

"이번 댄스도 열심히 하고 있나요?"

"네, 쫓아가야 하니까 센터 휴일만 빼고 계속 나가서 하고 있어요."

"다른 친구들은요?"

"한 애 정도만 좀 열심히 하고, 나머지는 우르르 몰려다니거나 스마트폰을 사용하면서 놀거나 그래요."

"노래 배울 때도 비슷했죠?"

"네, 맞아요."

"그러니까, 상담 신청한 ○○○님이 가장 열심히 하는 사람이군요."

"그러면 뭐 해요. 다른 친구들은 어떻게든 버티며 그 과정을 밟아서 이력을 추가하는데 저는 계속 포기하는걸요."

저는 고개를 가로저었습니다.

"연습은 매일 가장 열심히 했다고 했죠? 다른 친구들은 대충 시간을 보내고요. 그러면 의뢰인은 한 번에 포기했지만, 다른 친구들은 매일 조금씩이라도 포기하고 있었던 거네요. 객관적으로 누가 계속 포기한 것에 더 가깝죠?"

제 말에 의뢰인은 두 눈이 커졌습니다.

"그렇게는 생각하지 못했어요."

"자, 그러면 또 다르게 생각해 볼까요?"

의뢰인은 고개를 갸웃거렸습니다.

"1년 전의 ○○○님이 똑똑할까요? 현재가 더 똑똑할까요? 다른 사람보다 더 똑똑한 거 말고, 자기가 몰랐던 것을 더 알아간다는 측면에서요."

"당연히 지금이죠."

"그러면 1년 후에 뭐 할지도 더 똑똑한 그 친구, 즉 자신에게 선택을 맡겨 보는 건 어떨까요?"

"아……."

"지금은 현재에 더 집중해요. 하다가 싫증 나면 안 해도 좋아요. 하지만 싫증 날까 봐 두려워서 제대로 집중하지 못하면 정말 재미없어지니까요."

의뢰인은 천천히 고개를 끄덕였어요.

"아, 말이 나왔으니 꼭 드리고 싶은 말이 있어요."

"뭐예요?"

"재미가 있다/없다보다는 의미가 있다/없다는 식으로 생각해 보는 건 어떤가요?"

"네?"

"노래 실력이 기대보다 더 나아지지 않지만 계속 노력하는 게 의미가 있다/없다 식으로 생각했다면 포기하려고 할 때 좀 다르게 생각할 수 있었을 거예요. 지금 하는 댄스에 대해서도 마찬가지고요."

의뢰인은 혼자 생각에 잠겼어요. 제가 좀 더 차분하게 말했어요.

"노래에 대한 이해가 춤을 출 때 도움이 되는 게 사실이잖아요? 나중에 춤출 때 도움이 되도록 열심히 해야지, 하는 마음은 아니었어도, 결국 포기하더라도 더 많이 경험하고 알아본 것이 다 소용없어지는 게 아니라 도움이 되게 되어 있어요."

"어떻게 그렇게 확신하세요?"

의뢰인은 날 선 목소리로 저에게 물었습니다. 저는 웃으면서 말했습니다.

"저야말로 불안해서 학과를 세 번 바꾸고, 직장도 아홉 번 바꾸다가 결국 예전에 일하던 분야와 상관 없는 작가가 된 사람이니까요."

저는 어떤 선택을 할 때 기대를 많이 했어요. 새로운 친구를 사귀면, 새 학교에 들어가기만 하면, 새로운 직장에 가기만 하면…… 식으로, 어떤 선택을 하면 아주 좋은 결과가 있을 거라고 기대했어요. 그래서 열심히 할 때도 있었으니 긍정적인 면이 있기는 했죠. 그렇다 보니 그래도 되는 줄 알고, 아니, 그래야 하는 줄 알고 계속 그렇게 살았어요. 하지만 기대를 뛰어넘는 현실을 경험하는 것은 쉽지 않아요.

기대는 상상으로 만들어 내는 세계잖아요. 하지만 현실은 여러 가지 제한 조건이 있어서 상상처럼 되지 않죠. 그렇다 보니 내 선택이 잘못되었나 싶어 계속 학교를 바꾸고, 친구를 바꾸고, 직장을 바꾸며 인생을 낭비했어요. 그렇게 하는 데도 노력을 많이 들여야 했어요. 노력을 들인 만큼 기대도 컸죠. 하지만 결국 기대만큼 현실이 따라 주지 않으면, 잘못된 선택을 했다는 생각에 이런 식으로 살면 인생 전체가 실패하는 건 아닐까 불안해졌어요. 빨리 다른 대안을 찾으려 했죠. 하지만 그 대안도 또 나쁘게 끝날까 봐 걱정되었어요. 마치 의뢰인처럼 말이에요.

불안은 미래에 일어나겠다고 생각하는 사건 중 부정적인 면을 크게 상상할 때 생긴다고 했죠? 기대는 미래에 일어날 것으로 생각하는 긍정적인 면을 상상하는 거잖아요. 둘 다 현실이 아니라 상상, 현재가 아닌 미래에 생각을 머물게 해요. 현실, 현재에 더 집중하는 게 필요해요. 의뢰인이나 저나 상상력을 너무 많이 써서 불안해하고 기대해서 방황한 거예요. 그러니 이런 유형의 사람은 현실과 현재에 더 많은 정신적 에너지를 쏟아야만 나아집니다.

혹시라도 불안감에 휩싸여 진로를 결정하는 청소년이 있다면 이런 조언을 드리고 싶어요. 안전하다는 이유로 별로 가슴 뛰지 않는 진로를 선택하는 것도 문제예요. 하지만 계속 신나는 일만 찾는다면 어떨 것 같은가요? 처음엔 재미있다가 곧 싫증 나는 게임처럼 일상이 지루해지기 쉬워요. 혹은 의뢰인처럼 이렇게 지내다가 경쟁에서 실패하겠다고 생각하면서 불안해지기도 쉬워요. 그러니 신나는 일을 먼저 찾기보다는, 여러분의 시간 대부분을 바칠 만한 의미 있는 일을 정한 다음에 그 속에서 신나는 요소를 찾기를 추천합니다. 순간순간 기분에 따라 달라지기 쉬운 재미를 기준으로 삼으면 중간에 쉽게 포기할 수도 있어요.

저의 경우에는 제가 실수했던 것 중에서 다른 사람에게 교훈이 될만한 것을 나누는 일을 정했어요. 어때요? 의미가 있지요? 그 실행 방법으로 글을 쓰고 강연하기로 했고요. 글을 더 잘 쓰고 강연도 잘하고 싶어서 저보다 더 잘하는 사람의 글을 읽고, 강연도 많이 듣는답니다. 잘하는 사람들이 쓰고 말한 것이니 보는 재미가 당연히 있지요.

이렇게 해서 정말 훌륭한 작가와 강연자가 될 수 있을지 없을지는 솔직히 잘 모릅니다. 제가 2009년에 전업 작가가 되었으니 꽤 많은 시간이 흘렀지만, 당시에 품었던 기대 이상으로 잘해 냈다고 말하기는 힘드니까요. 하지만 더 이상 맞는 길을 가는 것인지 불안해하지는 않아요. 현재도 충분히 의미 있고 재미도 있어 과정 자체에 집중할 수 있으니까요. 그리고 설령 잘못된 길이라고 하더라도 그 노하우로 다른 길을 더 잘 찾을 수 있을 테니까요.

2. 시시해, 뭘 해도 재미가 없어

_ 우울감을 만드는 마음

나는 얼마나 우울해하고 있을까?

① 내 마음 확인하기

여러 유형의 느낌에 관한 질문입니다. 최근 며칠 동안 당신을 얼마나 괴롭혔는지 판단해 보세요. 각 문항에 관해 판단 결과가 전혀 아니다면 0점, 약간 그렇다면 1점, 상당히 그렇다면 2점입니다.

1. 슬프거나 침울합니까?	
2. 미래에 대한 희망이 없습니까?	
3. 자신을 가치 없는 사람이라고 느낍니까?	
4. 다른 사람과 비교하여 자신이 열등하거나 못난 존재 같습니까?	
5. 자신에 대해 불평하거나 자책합니까?	
6. 어떤 결정을 내리기가 어렵습니까?	
7. 종종 화를 내거나 성을 냅니까?	
8. 자신의 직업, 취미, 가족 또는 친구에게 흥미를 잃었습니까?	
9. 스스로 일을 시작하는 것이 힘겹습니까?	
10. 자신이 늙어 보이거나 매력이 없다고 느낍니까?	
11. 식욕을 잃었습니까?	
12. 강박적으로 과식합니까?	

13. 잠을 이루기가 어렵습니까? 혹은 지나치게 피곤을 느끼거나 잠을 너무 많이 잡니까?	
14. 성에 대한 흥미를 잃었습니까?	
15. 인생은 살 가치가 없다거나 죽는 것이 더 낫다고 생각합니까?	

② 채점 방법 및 결과 해석

모든 문항의 응답 점수를 합산하세요. 총점은 0~45점이에요.

31~45점 심하게 우울한 상태. 가능한 한 빨리 전문가의 도움을 요청하는 것이 좋습니다.

21~30점 무시하기 힘들 정도로 상당히 우울한 상태. 이 책에 나온 방법을 실행하거나 전문가를 찾는 등, 적극적으로 노력해야 합니다.

11~20점 가볍게 우울한 상태. 상황을 너무 부정적으로 판단하지 말고, 새로운 일에 도전하거나 주변 환경을 바꾸거나 취미 활동을 바꾸는 등, 자기 기분을 새롭게 바꾸려는 노력만으로도 나아질 수 있어요.

10점 이하 정상적인 상태. 하지만 우울증은 언제 찾아올지 모르니 이 책에 나온 우울증에 빠지는 과정을 이해하고 해결 방법을 미리 익혀 예방하는 것이 좋습니다.

참고로 방금 한 검사는 저명한 정신과 의사인 데이비드 번즈 David D. Burns 박사가 만든 우울증 검사입니다. 다른 유명한 우울증 검사로 아론 벡Aron Temkin Beck의 우울증 검사도 있으니, 새로운 진단을 원하는 경우 전문가에게 의뢰해서 검사받기를 추천합니다.

따분해서 아무것도 하고 싶지 않아 _ 우울증과 우울감

불안이 그런 것처럼, 우울감도 누구나 느끼는 감정이에요. 하지만 누구나 우울증에 빠지지는 않지요. 심리 상담이나 신경정신과 치료를 꺼리는 한국 특성상 우울증 유병률이 8%대로 비교적 낮게 나왔지만, 미국과 유럽의 종합적인 연구에 따르면 약 30%에서 40%의 사람들이 일생에 한 번은 우울증을 경험한다고 해요. 놀라운 수치기는 하지만, 외국의 통계로도 절반이 넘는 사람은 우울증에 빠지지 않는 거죠.

기분이 일시적으로 좀 가라앉는 우울감과 우울증은 달라요. 우울증은 심리학적으로 "생각의 내용, 사고 과정, 동기, 의욕, 관심, 행동, 수면, 신체 활동 등 전반적인 정신 기능이 계속 저하되어 일상생활에도 악영향을 미치는 상태"예요.

쉽게 설명하면 '전반적으로 정신 기능이 저하된 상태'라는 뜻이에요. 우울증 검사 문항도 일상적으로 기존에 있던 욕구와 일 처리 능력 등이 떨어지는 현상을 중심으로 구성되어 있어요.

우울증은 먼저 흥미가 감소하는 것부터 시작합니다. 즉 처음부터 "아, 우울해."가 아니라 "따분해!"부터 시작해 **우울감**은 차츰 깊어집니다. 예전에는 친구 만나는 것도 좋아했고, 운동이나 영화를 좋아하는 사람이었는데, 이제 그런 활동이 재미없어집니다. 활발하게 좋은 의미를 찾았던 정신 기능이 사라지고, 무덤덤하게 정보를 처리합니다. 긍정적 에너지를 써서 정보를 열심히 처리하는 게 아니니 결과도 시원치 않습니다. 재미도 없고 유익하지도 않고 별로 하고 싶지 않은 일이 늘어납니다. 원래 재미있거나 유익하거나 하고 싶었던 일이었을지라도 말이지요.

시험을 앞두고 공부해야 하는 상황인데도 도저히 책이 읽히지 않고 뭔가를 외울 수도 없어요. 억지로 밀어 넣으려 해도 안 됩니다. 예전에 되던 것이 안 되니 더 절망스럽습니다.

'아, 나한테 정말 뭔가 문제가 있구나. 크게 고장이 났구나.'

이런 생각에 슬퍼집니다. 눈물이 나기도 하고, 화가 치밀어 오릅니다. 하지만 정신 기능이 나아지지는 않습니다. 아무리 간절히 바라고 기도해도 나아지지 않으니 더 좌절합니다. 어느덧 계속 이렇게 살게 될 것이라 믿게 됩니다.

이런 상태를 남들이 눈치챌까 봐 두렵기도 합니다. 자신의 부족함을 확인할 수도 있는 방 밖의 세상으로 나가기가 싫어집니다. 현실을 보기 싫습니다. 잠이 쏟아집니다. 잠만 자는 자기가 한심하게도 느껴집니다. 하지만 어쩔 수 없습니다. 더 이상 예전의 자신이 아니라 정신 기능이 떨어진 열등한 존재니까요. 누군가 구원의 손길을 주거나, 마법처럼 일순간에 상황이 나아졌으면 하는 마음도 있지만, 기대하지 않습니다. 잘나가는 다른 사람이라면 모를까, 이미 고장 난 자기에게 세상이 관심을 기울일 거라는 믿음이 없으니까요. 이렇게 사는 것은 가치가 없다는 생각도 하게 됩니다. 앞으로 나아질 가능성도 없으니 차라리 어서 빨리 끝내는 게 더 편하고 현명한 선택이 아닌가 싶기도 합니다. 여러 상황을 종합적으로 고려해 낮아진 정신 기능을 짜내서 내린 가장 나은 선택이라고 본인은 생각하지만, 아주 극단적인 선택이지요.

여기서 잠깐! 멈추세요.

읽는 것만으로도 힘든 마음이 들게 하는 우울증은 참 무섭습니다. 우울증이 우울감보다 훨씬 더 심각합니다. 우울감이 더 심각해지면 우울증이 될 수도 있으니 우울한 단계부터 주의해야 해요. 기분이 잠깐 가라앉은 게 아니라, 계속 유지되면 조심해야 합니다.

우울증의 핵심 정서는 슬픔입니다. 슬픔은 자신의 중요한 일부를 상실했을 때 느끼는 감정이지요. 뭔가에 대해서 슬퍼한다는 것은 그만큼 중요하게 여긴다는 뜻이기도 합니다. 중요한 사람 혹은 반려

동물의 죽음이나 사고, 이별, 중요한 시험에서 탈락하면 슬픔과 상실감을 느끼는 것은 당연합니다. 하지만 그런 감정이 몇 달이고 계속되는 것은 당연하지 않습니다. 기쁜 일도 시간이 지나면 생생하게 느끼는 정도가 좀 떨어지는 것처럼, 슬픈 일도 시간이 지날수록 기억의 망각과 익숙함에 의해서 그 느낌이 좀 약해져야 정상입니다.

좀 덜 느낀다고 그 중요성을 인정하지 않는 것은 아니에요. 처음에 슬픈 사건이 벌어졌을 때 이미 많이 느꼈으니까요. 잊지 마세요. 그 사건의 주인공은 여러분이 계속 슬퍼하는 것을 바라지 않아요. 오히려 슬픔을 털고 일상으로 돌아가길 바랄 거예요.

그런데 우울감이 계속되면 왜 자신이 우울해졌는지도 잊어버리는 일도 있어요. 그래서 무표정하고 무감각한 정서 상태가 되기도 해요. 다른 사람 눈에는 초점 없는 눈에 넋이 나간 사람처럼 보이는 거죠. 청소년의 경우에는 우울증에 빠졌을 때 분노를 표출하기도 해요. 극단적 선택을 하기 전에 아주 밝은 표정으로 영상을 찍은 사람도 있어요. 이렇듯 우울증은 다양한 모습으로 나타나기 때문에 전문가도 알아차리기 힘든 경우가 많아요.

하지만 자기 자신은 우울증인지 아닌지 확실하게 느낄 수가 있어요. 남들이 볼 때는 즐거워하는 척하지만, 자기는 알아요. 흥미와 즐거움이 없어져 매사가 재미없고 무의미하게 느껴지거든요. 그리고 그런 자신을 들킬까 봐 더 과장되게 즐거운 척하거나, 반대로

성장하기도 벅찬데, 정서까지 불안하다니!
_ 청소년기 우울증

　우울증은 어떤 연령대에서도 시작될 수 있지만 평균 발병 나이는 20대 중반이에요. 우울증은 12세 미만의 아동에서는 2% 이하로 발병할 정도로 매우 낮아요. 하지만 청소년기에 접어들면서 급증해요. 2차 성징이 나타나 외모가 바뀐 자신을 낯설다고 느끼고, 새로운 것에 도전하면서 불안을 경험하게 되고, 성공보다는 좌절을 경험할 확률이 높아지기 때문이에요. 학업과 성장에 대한 스트레스도 한몫하지요. 비밀리에 커지는 성욕 스트레스도 무시할 수 없어요. 자아 정체성이 생기기 시작하면서 남들과 속 시원하게 나눌 수 없는 마음이 많아져요.

　청소년기는 질풍노도의 시기라는 말이 있듯이 기분 변화가 심해요. 막 들떴다가 훅 가라앉았다가 불안했다가 세상 전체를 구할 수 있을 것처럼 자신을 특별하다고 여겼다가도 어느 땐 아무것도 아닌 것 같다고 느끼기도 하면서 정서적으로 불안정해요. 급격한 신체 변화와 학업 성과에 따라 열등감과 수치심을 경험하기도 합니다.

거기에 초등학교와 다르게 중학교와 고등학교에서는 대인관계의 양과 질이 확 달라져서 교우관계, 이성 관계, 교사와의 관계, 가족 관계에서 여러 가지로 좌절하기 쉬워요. 특히 또래에 더 관심을 두게 되면서 가족과 갈등을 겪기도 하고요. 이렇듯 편안함보다는 울퉁불퉁 마음 다칠 가능성이 더 큰 청소년기에는 슬픔과 상실감을 많이 느끼게 되어 우울감이 지속될 확률이 높아요.

울퉁불퉁한 사건이 계속 생기고 성공과 행복보다는 좌절과 불행을 더 경험하다 보면 우울감이 지속되는 상황이 됩니다. 그래서 청소년에게서 우울증이 더 많이 나타날 수 있답니다.

청소년에게 우울증이 더 심각한 이유는, 앞서 말한 것처럼 정서가 특히 불안정한 시기라서 충동적으로 극단적인 선택까지 할 수 있기 때문이에요. 청소년은 또래와 학교, 가족, 또는 자기 자신에게 굉장한 스트레스를 느끼고, 호르몬의 폭발적 분비로 수시로 균형 상태가 달라져요. 그러니 꼭 조심해야 해요. 울적한 기분이 지속되면 믿을 수 있는 가족이나 친한 친구에게 말해 보세요. 혹은 학교 상담교사를 찾아가도 좋습니다. 신경정신과 혹은 상담소를 찾아가기가 부담이 된다면 아래의 연락처 중 한 곳에 전화해 보세요.

• 자살예방 상담전화 1393
• 보건복지상담센터 희망의 전화 129

- 청소년 전화 1388
- 한국생명의전화 1588-9191

인터넷으로도 도움을 받을 수 있어요.

- 한국자살예방협회 사이버 상담실
  www.sucideprevention.or.kr
- 블루터치 온라인 상담
  www.blutouch.net
  핫라인 1577-0199

생각보다 다양한 곳에서 우울증에 대해 대비하고 있죠? 그런데 이것저것 생각나지 않는다면 119에 전화해도 안내받을 수 있어요.

앞서 일반적인 우울증 증상에 대해서 알아봤어요. 그런데 청소년기의 우울증에서 유독 도드라지는 대표적 증상은 아래와 같아요.

- 거절이나 실패에 과민해졌다.
- 외양이나 옷차림, 머리 모양, 위생에 소홀해졌다.
- 수면이나 식욕, 체중이 변했다.
- 사회적으로 고립되고 위축되었다.

- 짜증과 다툼이 늘었다.
- 피곤해졌다.
- 여러 가지 모호한 신체적 증상과 불만이 나타났다.
- 자해하거나 남을 때리는 행동이 늘었다.
- 학교 성적에 변화가 있다.
- 어울리는 친구들이 확 바뀌었다.
- 술, 담배, 약 등에 의지하게 되었다.
- 식욕, 수면욕, 성욕 등 욕망에 무덤덤해졌다.
- 인생 또는 전에 하던 활동들에 흥미를 잃었다.

우울증에 걸리면 뭐니 뭐니 해도 자신을 무능하고 무가치한 존재로 여기는 게 가장 큰 문제예요. 유능하고 가치가 있다고 믿어야 힘든 일을 겪어도 이겨내려는 의지가 생기는데, 우울증은 정반대로 의지를 없애 버리니까요.

속으로는 자기를 비하하고, 밖으로는 다른 사람들과 세상이 비정하고 적대적이며 냉혹하다고 생각하죠. 내면의 힘도 없고, 밖의 사정도 좋지 않으니 현재와 미래 모두 절망적으로 보여요. 거기다 주의 집중을 잘 못 하고 기억력이 저하되며, 사고력이 떨어져 판단에도 어려움을 겪게 됩니다. 어떤 일에 관해 결정을 내리지 못하고 우유부단한 모습을 보이니 예전처럼 성과를 내지 못해서 주변에서 인정받기도 힘들어요. 정신 능력에 대한 자신감도, 의지력도 없다 보니 새로운 일에 도전하는 것도 싫어해요. 기존에 하던 일도 하지 않으려 합니다. 계속 일을 미뤄요. 앞서 불안한 사람도 실패가 두려워서 일을 미룬다고 했지요? 우울증에 걸린 사람도 원인은 다르지만 일을 미뤄요.

그래도 생활하기 위해서는 최소한 움직이기는 해야 하잖아요? 억지로 움직이다 보니 쉽게 지쳐요. 움직이기 싫으니 잠자리에서 잘 벗어나지 않으려 해요. 불면증 때문에 거의 매일 잠을 이루지 못하거나 수면 중에 자주 깨는 사람도 있어요. 반대로 훨씬 많은 시간을 자거나 졸음을 자주 느끼기도 해요. 식욕이 뚝 떨어져 살이 확 빠지거나, 반대로 폭식해서 체중이 확 늘기도 해요. 겉으로 보이는 양상은 완전히 다르지요? 하지만 예전과 비교했을 때 변화가 급격한 것은 똑같아요. 그리고 급격한 변화는 몸에 무리를 줍니다. 몸의 에너지가 없는 것은 똑같아서 행동이나 말이 대부분 느려져요.

내가 생각하는 나와 남이 바라보는 내가
이렇게 다르다고? _ 자기 개념과 역기능적 신념

우울증의 초기 단계인 우울감에 대해 더 깊이 알아볼까요? 우울감은 왜 생기는 걸까요? 심리학자 토리 히긴스Tori Higgins는 우울감이 생기는 원인을 '자기 개념'에서 찾았어요. 히긴스는 인간에게 세 가지 자기가 있다고 주장했어요. 이상적으로 자신이었으면 좋겠다고 바라는 '이상적 자기', 현실의 모습인 '실제적 자기', 사회적 역할이나 규범 등을 따라서 의무적으로 보여야 하는 '의무적 자기'.

히긴스는 실제적 자기와 의무적 자기가 일치하지 않을수록 불안이 커진다고 주장했어요. 예를 들어 가족의 기대에 따라 공부해야 하는 의무적 자기가 있는데, 현실에서는 밤을 새우면서 게임하거나 스트리머들 방송을 계속 본다면 어떨까요? 벌컥 방문이 열리면서 혼나거나, 나중에 성적이 떨어져 처벌받을지도 모른다는 불안이 생기겠죠.

한편 실제적 자기와 이상적 자기가 일치하지 않으면 우울감이 생겨요. 이상으로는 게임 잘하고 공부도 잘하는 만능 학생이 되고 싶지만, 현실에서는 게임이나 공부 모두 그다지 잘하지 못한다면 불안이 아니라 자신이 무능한 것 같아 우울감이 생깁니다.

슬픔을 느끼기 전에 무능력하다는 생각이 먼저 생겨서 우울감이 생길 수 있습니다. 우울감이 무기력과 함께 오는 건 자신이 상황을 바꿀 능력이 없다고 믿는 게 공통적이기 때문입니다.

심리학자 아론 벡에 따르면, 우울한 사람은 자신과 세상에 대해서 절대주의적이고, 당위적이며 엄격하고, 융통성이 없는 신념을 갖고 있어요. 벡은 이런 신념을 건강하게 사는데 방해가 된다는 뜻으로 '역기능적 신념dysfunctional belief'이라고 불렀어요. 역기능적 신념은 쉽게 말해 '~해야 한다' 또는 '~해서는 안 된다'라는 생각에 지배받는 거예요. 그 생각은 너무 이상적이고 완벽해서 현실에서 이루기 어려운 것들이에요. 당연히 그런 상태에 도달하지 못해 좌절과 슬픔에 빠지게 되고요.

역기능적 신념은 크게 사회 의존성과 자율성으로 구별할 수 있어요. 사회 의존성social dependency은 다른 사람의 인정과 사랑을 얻으려 타인을 즐겁게 하려는 경향이 강한 상태를 말해요. 사회 의존성과 관련된 역기능적 신념은 다음과 같아요.

- 다른 사람의 사랑과 인정 없이 나는 행복해질 수 없다.
- 나는 내 삶에서 중요한 모든 사람으로부터 사랑과 인정을 받아야 한다.
- 다른 사람으로부터 소외되어서는 결코 행복할 수 없다.
- 다른 사람으로부터 미움을 받아서는 안 된다.
- 누군가로부터 미움을 받는다는 것은 참을 수 없이 두려운 일이다.
- 미움받지 않으려면, 상대방이 무리한 요구를 하더라도 순

순히 응해야만 한다.

한편, 자율성autonomy은 개인의 독립성과 성취감을 얻으려 하고, 타인으로부터의 독립을 원하며, 일과 성취를 중시하고, 혼자만의 활동을 좋아하는 경향을 말해요. 언뜻 보면 사회 의존성과 반대될 뿐만 아니라, '자율'이라는 말이 들어가서 좋은 것 같지만 다음처럼 완벽주의적이어서 나빠요.

• 모든 일을 완벽하게 해야 한다.
• 절대 실수해서는 안 된다.
• 인간의 가치는 그 사람의 성취로 결정된다.
• 잘하는 게 없는 사람은 무가치하다.
• 다른 사람보다 우월해야 한다.
• 절대로 다른 사람에게 종속되거나 지배당해서는 안 된다.

어떤가요? 사회 의존성과 자율성 모두 문제가 있지요? 사람마다 지닌 역기능적 신념의 정도가 달라요. 그에 따라 우울증의 양상과 정도도 달라지지요. 사회 의존성이 높은 사람은 사랑하거나 인정받고 싶은 사람과의 이별 혹은 냉대 때문에 우울증이 생겨요. 자율성이 높은 사람은 기대보다 훨씬 못한 성적, 수행 부진 등에 의해 우울증이 생기고요.

사회 의존성과 자율성 모두 어떤 상황의 의미를 객관적이고 유연하게 파악하지 못하고 과장하거나 축소하는 인지적 왜곡 과정을 가진다는 공통점이 있어요. 꼭 자기한테 문제가 있는 것이 아니라 상대방의 다른 사정으로 이별하거나 미처 관심을 충분히 받지 못한 것일 수도 있지만, 사회 의존성이 높은 사람은 자기를 탓해요. 새로운 사람을 만나도 그 사람이 보여 준 다양한 모습보다 유독 부정적인 반응을 더 중요하게 생각하고요. 적극적으로 좋아하는 것을 표현하지 않으면 싫어하는 것이라고 이분법적으로 왜곡해서 생각해요.

자율성이 높은 사람은 낮은 성적을 받아도 시험 자체의 난이도 조절 실패 문제일 수도 있고, 시행착오 교훈을 얻기도 했지만 완벽하지 않다는 이유로 다 소용없다며 상황을 한 가지 방향으로만 왜곡해서 보려고 하지요.

우울증을 심각하게 만드는 잘못된 상식

역기능적 신념 이외에 우울증을 더 심각하게 하는 그릇된 상식이 있어요. 대표적인 것을 뽑자면 다음과 같아요.

- 부모가 우울증에 걸린 적이 있으므로 나도 걸릴 수밖에 없다.
- 마음만 먹으면 쉽게 우울증에서 빠져나올 수 있다.
- 다른 사람에게 우울증에 관해 이야기하면 사람들의 평가도 부정적으로 되고 지나치게 간섭을 받아 상황이 더 나빠질 것이다.
- 우울증 약을 먹기 시작하면 평생 먹어야 한다.
- 항우울제 치료만 받으면 우울증은 바로 해결된다.
- 항우울제를 먹으면 성격이 바뀐다.
- 우울증은 순전히 정신력이 약해서 생기는 약자들의 병이고, 지극히 개인적인 문제다.

어떤가요? 다 그럴듯한가요? 하지만 일반 상식과는 다르게 심리학적으로는 모두 맞지 않는 말들이에요. 하나씩 살펴볼까요?

• 부모가 우울증에 걸린 적이 있으므로 나도 걸릴 수밖에 없다.
부모가 우울증에 걸렸어도 자녀는 다른 정체성을 갖고 다른 환경에 노출되고, 주변의 도움을 받을 수 있는 정도, 스트레스에 대한 회복력 등이 달라 우울증에 걸리지 않을 수 있어요.

• 마음만 먹으면 쉽게 우울증에서 **빠져나올 수 있다.**

우울증은 꼭 나을 수 있어요. 하지만 마음먹는다고 마법의 주문처럼 바로 나아지는 건 아니에요. 나아지겠다는 결심을 하고 적절한 방법을 실행해야 나아집니다. 늪에서 빠져나올 때도 탈출하겠다고 결심한 후에 움직이는 시간이 걸리는 것과 똑같아요.

물론 결심조차 하지 않으면 나아지기 힘든 것은 사실이에요. 하지만 결심만 한다고 해서 저절로 나아지는 것은 아니랍니다. 확실한 것은 결심하고 실행하면 어제보다 훨씬 나아지기는 해요. 그러다 보면 우울증에서 완전히 벗어나게 되지요.

• 다른 사람에게 우울증에 관해 이야기하면 사람들의 평가도 부정적으로 되고 지나치게 간섭을 받아 상황이 더 나빠질 것이다.

우울증에 걸리면 모든 게 부정적으로 보여요. 그래서 다른 사람의 반응도 부정적일 거라 지레짐작하죠. 또 어떤 반응을 보이든 과장해서 부정적으로 왜곡해요. 하지만 모두가 그렇게 부정적으로 반응하지는 않아요. 꼭 도와주려는 사람, 기관 등이 있어요. 그리고 지나치게 간섭받으리라는 걱정도 너무 부정적인 결과만 생각해서 그래요. 상대방은 애정을 담아 이야기하는데도 부정적으로 해석하면 간섭이 지나치다고 생각하기 쉽죠. 그래서 갈등이 심해지기도 해요. 하지만 대부분은 끊임없이 자기가 해결해 주려고 매번 간섭하기보다는 전문가를 알아봐 주거나, 좋은 방법을 알아서 알려 줄 거예요. 그렇게 만나게 되는 전문가는 간섭보다는 옆에서 들어 주고 용기를 불어넣어 줄 거고요. 처지를 바꿔 놓고 생각해 보세요. 간섭 자체가 목적이 아니라, 우울증에서 벗어나기를 바라는 마음을 가진 사람이 결국 선택할 방법이 무엇일까요?

우울증에 대처하는 데도 에너지가 많이 필요한데, 이런 잘못된 상식으로 에너지를 낭비하니 더 안타까워요. 그래서 전문가를 빨리 만나거나, 전문 기관에 전화 혹은 문의라도 하라고 적극적으로 알리는 거예요.

• 우울증 약을 먹기 시작하면 평생 먹어야 한다.

심각한 우울증에는 점점 강도를 높여 약을 쓰기도 해요. 염증을 치료하는 항생제를 써도 치료가 안 되면 내성이 생겨서 더 강한 항생제를 쓰는 것과 같은 맥락이죠. 강한 것을 쓰면 내성이 생겨서 결국 더 강한 약에 의지하게 되는 게 걱정될 수는 있어요. 그래서 한번 우울증 약을 먹기 시작하면 평생 먹어야 한다는 잘못된 상식이 퍼져 있습니다.

그런데 병원에 가면 항생제도 조심해서 처방하잖아요? 아주 세심하게 약을 고르고, 특정 기간에만 쓰죠? 항우울증제도 마찬가지예요. 병원에서 처방받아야 구할 수 있는 약은 의사가 고민해서 단계별로 처방하고, 내성이 생길 위험이 있으면 다른 약으로 바꾸거나 다른 치료법으로 바꾸면서 우울증을 낫게 해요.

물론 오랜 기간 우울증 약을 드시는 분도 있어요. 하지만 평생 독한 약을 먹거나 아예 끊지 못하는 상황은 아니에요. 예를 들어, 약을 처방받는다는 것만으로 우울증이 더 심해지지 않을 수 있어 괜찮다고 안심하는 분이 있다면, 의사는 플라세보라는 '위약'을 처방하기도 해요. 즉 약이 아니라 마음을 편하게 하는 믿음을 처방하는 셈이죠. 플라세보는 약처럼 보이지만 사실은 약 성분이 없는 약이에요. 신경정신과에서 처방하는 약 중 위약이 큰 비중을 차지해요.

심각하거나 긴급한 경우에는 효과가 확실한 약을 처방하는 게 당연해요. 실제로도 그렇게 하고 있고요. 의사가 환자의 정신건강을 위해 최선의 처방을 내린다는 점을 잊지 마세요. 그리고 굳이 부작용이 있는 약을 평생 먹게 해서 환자가 잘못되어 곤란한 일을 당할 위험을 자초하는 의사도 거의 없어요.

• 항우울제 치료만 받으면 우울증은 바로 해결된다.

이것도 사실이 아니에요. 항우울제는 뇌에서 행복할 때 분비되는 신경 전달 물질인 세로토닌의 수준을 높여 주는 기능을 해요. 사람마다 우울증의 양상이 다르고 뇌에서 분비되는 호르몬 수준이 다르다 보니 항우울제가 약효를 발휘하는 데도 시간이 걸려요. 그리고 우울증의 신체적 증상이 나아진 다음에도 부정적으로 자기 자신과 세상을 보는 시각을 바꾸는 데 시간이 걸리기는 해요. 앞에서 결심한 다음에도 적절한 방법을 실행하는 데 시간이 걸린다고 했지요? 마찬가지로 항우울제를 먹고 나서도 시간과 추가 방법이 필요해요.

약에 대해 과도하게 부정적으로 생각하는 것도 문제지만, 과도하게 기대하는 것도 문제예요. 우울증이 왜곡된 생각에서 나온다고 했지요? 약을 먹을 때도 너무 왜곡하지 않으려 할 때 효과가 있어요.

• 항우울제를 먹으면 성격이 바뀐다.

이 말은 심리학적으로 맞지 않아요. 일단 확실하게 기분은 바뀔 수 있어요. 숨 쉬는 게 힘들고 뭔가 조이는 것 같이 불안하고, 손바닥이 찌릿찌릿한 게 느껴질 정도로 예민한 반응이 없어지기도 하고, 주변 상황에 대해서 좀 여유롭게 반응하게 되기도 해요. 그런 상태로 바꾸려고 약을 처방하는 거니까요. 신체적으로 보이는 게 달라지니 비전문가가 보면 성격이 바뀐 것처럼 보이기도 하겠지요. 하지만 심리학적으로는 아니에요.

성격은 심리학적으로 아주 안정적으로 나타나는 반응 패턴이에요. 외향적인 사람이 어느 날 차분하게 책상에 앉아서 독서한다고 해서 "성격이 바뀌었다."라고 하지는 않잖아요? "오늘은 좀 다르네." 라고는 할 수 있겠지요. 성격을 이야기하려면 그 사람을 최소 1년에서 2년 정도는 두고 봤을 때 가장 안정적으로 많이 보이는 반응이 무엇인가를 봐야지요.

약을 먹는 도중에는 반응이 다를 수 있어요. 그런데 그게 성격을 변화시켰다고 말하려면 시간을 더 두고 판단해야 해요. 그리고 약을 먹지 않더라도 성격은 조금씩 변해요. 여러분이 초등학교 저학년 시절과 중학교 입학했을 때, 그리고 지금을 비교해 보세요. 여러분 자신을 알기 힘들다면 다른 친구들을 떠올려 보세요. 약을 먹지 않았어도 사람의 성격은 변한다는 걸 알 수 있죠? 수많은 요소의 영향을 받아 사람의 성격은 조금씩 변해요. 약이 영향을 줄 수도 있지만, 전적으로 약 때문이라고 말할 수는 없어요.

- 우울증은 순전히 정신력이 약해서 생기는 약자의 병이고, 지극히 개인적인 문제다.

이런 생각은 아주 위험해요. 강자만이 살아남는 세상에서 어떻게든 약자가 되어서는 안 된다는 생각이 우울증을 더 심각하게 만들 수 있어요.

병에 걸리는 것은 개인이지만, 병에 걸리기 쉽게 만드는 책임이 사회에 있다면 사회적인 문제기도 해요. 예를 들어 지역 정치인들이 유해 시설을 마구 유치해서 매연과 독가스가 자욱한 곳에서 주민을 살도록 해 놓았다고 해 봐요. 그렇게 하고서 약한 폐를 가져서 건강이 나빠진 것이니 개인적으로 해결하라고 하는 건 말이 안되는 거잖아요?

사람은 기본적으로 사랑과 인정을 원해요. 그런데 부모가 각박한 현실에서 어떻게든 살아남으려 아등바등 사느라 자식에게 관심을 기울일 시간과 에너지가 없다면 어떨까요? 사회적 안전망이 없어서 오로지 자기 힘으로 자식을 키워야 한다는 스트레스에 짓눌려 자식의 우울감에 신경을 쓰지 못한다면 그것은 개인 문제가 아니라 사회 문제예요.

자식으로서도 부모로부터 사랑을 충분히 받지 못해 답답한데, 학교에서 교사도 사랑보다는 처벌과 엄격한 평가만 하도록 하는 시스템이 있다면? 거기에다가 반 친구들끼리 서로 인정하기보다는 경쟁 속에서 질투하도록 부추기는 시스템 때문에 우울해졌다면? 그것은 개인 문제만이 아니라, 사회 문제기도 해요. 그래서 우울증 해결에 사회가 나서야 하는 거예요. 실제로 사회 공공기관에서 우울증 해결 창구를 만들어 놓은 이유도 이 때문이기도 하고요.

이 책에서 독자 개인이 실행하는 방법을 주로 다루고 있다고 해서 제가 우울증을 개인의 문제라고 생각하는 것은 아니에요. 사회 문제인 면이 아주 크지만, 사회 정책을 다루는 책이 아니라 개인이 우울증을 해결할 방법을 다루기 위해서 개인의 몫을 강조하는 것 뿐입니다.

우울증 해결 방법의 핵심은 역기능적 신념을 없애는 거예요. 그리고 평소에 정신적인 면역력을 기르는 운동과 마음챙김 수련 방법 등도 도움이 돼요. 이것은 불안 및 무기력 해결 방법이기도 하니까 여러모로 좋아요. 참고로 불안 장애의 하나인 공황장애 약도 우울증 약과 성분이 같은 경우가 많아요. 신체적 증상을 치료하는 신경적인 원리와 과정이 많이 겹치기 때문이에요.

항우울제를 병원에서 처방받아 먹는 것도 도움이 돼요. 약을 먹을 때도 상담이나 이 책에 나온 생각을 바꾸는 방법을 함께 실천하면 더 효과가 좋아요. 그리고 약뿐만 아니라 1장에서 불안을 해결하는 방법으로 살펴본 과대평가 하지 않기, 객관적인 증거 찾기 등도 우울증 해결에 활용할 수 있어요.

약보다 부작용이 없는 우울증 치료 방법으로는 광선치료light therapy가 있어요. 눈에 아주 적은 양의 자외선을 포함한 빛을 노출하는 방법이에요. 빛의 강도를 2,500lx럭스 정도의 밝은 빛으로 해요. 우울증이 심각하지 않다면 일상적으로 햇살 좋은 날에 산책해도 좋아요. 혼자 움직이기 싫어하니 가족이나 친구, 혹은 반려동물과 함께 산책하도록 주변의 격려가 필요해요.

✉ 두 번째 편지

가장 좋아하는 자기 모습을
잘 드러내 봅시다

상담하다 보면 우울증 때문에 힘들어하는 청소년을 자주 만나게 됩니다. 불행한 일을 겪은 충격으로 우울증에 걸린 경우는 시간이 지나면서 조금 나아지기도 합니다. 그나마 불행 중 다행이지요.

하지만 커다란 사건이 없는데도 우울감에 빠지기도 해요. 이 경우에는 외부의 사건이 아니라, 그 청소년에게 뿌리 깊게 박혀 있는 부정적인 생각이 더 큰 영향을 주고 있어서 상담 기간이 더 오래 걸려요. 상담을 통해 단번에 극적인 변화를 바라는 가족이나 지인들은 지치지요. 그래서 우울증에 걸린 청소년을 상담할 때는 주변 사람까지 설득해야 하는 부담이 있어요. 하지만 저는 개인적으로 우울증에 걸린 청소년에 더 집중해요. 그러면 시간도 단축할 수 있거든요.

제게 특별한 능력이 있어서는 아니에요. 그 청소년이 특별해서예요. 커다란 사건이 없었는데 그 청소년이 우울증에 걸렸다면, 원래는 특별히 더 잘하고 싶었던 마음이 있었던 경우가 많아요. 그 특별한 마음이 나쁜 게 아니라, 그런 마음이 부정적

으로 일상을 어지럽게 놔둔 게 나쁜 것임을 느끼게 해요. 그
래서 그 예전 마음을 지키면서 새로운 일상을 살아가는 구체
적 과제를 일주일 단위로 실행하고 스스로 확인하도록 격려해
요. 그러면 대부분 나아져요. 여러분도 우울하다면 일주일 단
위로 마음이 편해질 수 있는 새로운 과제를 정해서 실행해 보
세요.

아직 우울하지는 않다고요? 다행이에요. 그런데 일반적으로
는 우울증에 걸려서야 상담을 요청하지만, 우울감에 빠지기 전
단계, 즉 심심하거나 따분함을 느끼기 시작할 때부터 미리 예
방하는 게 좋아요. 그래야 시간도 덜 걸리고 효과도 더 좋게 즐
거운 일상을 누릴 수 있어요.

지금 겪는 대상이 워낙 재미없는 것이라서 심심하거나 따분
하다고 생각할 수 있어요. 하지만 예전에 재미있어했던 놀이,
게임, 활동, 사람이었는데 따분하게 느낄 수도 있어요. 즉 심심
함과 따분함은 대상의 문제가 아니라, 자신의 심리 상태 문제
에 더 가까워요.

"심심해", "따분해"라고 자주 말하는 것은 자신이 모든 것을
잊고 몰입할 대상을 찾지 못해서예요. 이 경우에는 자기 또래,
비슷한 취향을 가진 사람들이 어떤 것에 몰입하는지를 관찰해
서, 한번 시도해 보는 게 좋아요. 남들이 좋아한다고 무조건 자
기도 좋아할 확률이 높아서가 아니에요. 해 보면 자기에게 맞
는 게 무엇인지 더 잘 알 수 있게 되거든요.

예를 들어, 남들은 테니스를 신나게 쳐서 따라 해 봤는데 힘만 들고 재미가 없다면? 억지로 할 필요는 없어요. 그리고 굳이 탁구나 스쿼시와 같이 라켓을 들고 하는 다른 종목에 계속 도전할 필요는 없어요. 차라리 다른 운동에 도전해 보는 거예요.

그냥 막 도전하는 게 아니라 이번에도 자기와 비슷한 사람이 또 무엇을 좋아하는지 관찰해서 해 보는 거예요. 그렇게 또 도전하는 과정을 몇 번 반복하다 보면 자기가 싫어하는 것과 좋아하는 것을 확실히 알게 되기 때문에 몰입할 것을 더 잘 찾게 돼요. 처음에는 테니스로 시작했어도 운동 자체가 아니라 승패를 가르는 게 더 좋아서 결국 퍼즐이나 보드게임에 몰입할 수도 있어요. 그것은 관찰하고 도전해 봐야 알 수 있어요.

다른 사람을 관찰하는 게 힘든가요? 그러면 과거의 자신을 관찰하세요. 즉 예전에 자신이 좋아했던 것, 즐거워했던 것, 몰입했던 것들을 떠올리고 공통점을 찾아보세요. 그리고 그 공통점이 있는 새로운 것부터 도전해 보세요. 기존에 재미있던 것을 반복해도 되지만, 이미 익숙해서 몰입하기 힘들거나 재미를 느끼기 어려우니 새로운 것을 더 강력하게 추천해요.

예를 들어 새로 데뷔한 연예인, 새로 나온 게임, 새로 나온 제품 구매에 열을 올렸다면, 새로운 트렌드를 가장 먼저 접하는 것에 몰입할 수 있어요. 어얼리 어댑터를 위한 전문 잡지를 구독하거나, SNS를 이용해서 정보를 얻기도 하고 나누기도 하는 일을 해 보세요.

한편, 몰입하고 싶은 일이 무엇인지 알아도 그 일에 쓸 시간이 모자라서 일상이 심심하고 따분할 수 있어요. 이 경우에는 우선순위에 따라 일과를 조정하고 일상의 시간 배분을 점검해야 해요.

그런데 여기에 변수가 있어요. 자기 자신에 대해서 고정된 생각을 하면, 다양한 활동을 하지 않고 자기가 생각한 모습 딱 한 가지로만 일상을 보내게 돼요. 그럼, 다양하지 않으니 따분하기도 쉽지요.

자, 한번 알아볼까요?

다음 문장의 빈칸을 채워 보세요.

"나는 (   )이다."

가장 먼저 빈칸을 채운 말이 무엇이었나요? 긍정적이었나요, 부정적이었나요. 스스로 확인해 보세요. 부정적이었다면, 굳이 자신에게 가혹할 필요가 없는 상황인데도 자기를 지지하지 않는 생각에 휩싸여 있는 거예요.

이번에는 빈칸에 여러분 자신의 다양한 모습을 담아서 긍정적인 것과 부정적인 것 각각 세 가지씩 적어 보세요. 부정적인 것은 금방 채우겠는데, 긍정적인 것은 채우기 힘들다고요? 앞에서 살펴봤던 것처럼, 역기능적 신념이 우울감을 만들고 있어서 그래요.

우울하면 일상이 아주 많이 따분하게 느껴져요. 그래도 우리 힘을 내서 빈칸을 채워 보아요. 일단 이 책을 읽을 정도로 변화에 대한 의지가 있는 것도 긍정적인 모습이에요. 남보다 잘하는 것만이 긍정적인 게 아니에요. 삶에 도움이 되는 요소를 갖고 있다면, 사소한 것이라도 적어 보세요. 너무 찾기 힘들다면 가족이나 친구들에게 부탁해 보세요. 하지만 되도록 스스로 찾아보기를 추천해요.

자, 다양한 나의 모습 중에서 가장 마음에 드는 것은 무엇인가요? 그리고 여러 가지 모습 중에서 가장 맘에 안 드는 것은 무엇인가요? 그 이유도 함께 적어 보세요.

좋아하는 내 모습과 싫어하는 내 모습 모두 나의 모습입니다. 둘 다 긍정해야 해요. 그래야 자신을 한심하게 보거나 비난하는 평가자가 아니라, 자신을 가장 잘 이해하고 늘 힘이 되어주는 지지자가 될 수 있어요.

다만, 싫어하는 모습이 자신도 좋아하는 모습을 너무 많이 가릴 때는 바꾸는 게 좋겠지요? 그런 방법은 무엇이 있는지, 위인전, 책, 뉴스, 강연 등에서 사례를 찾아보세요. 이것은 강요가 아니에요. 싫으면 안 해도 좋아요. 그것을 하지 않아도 자신이 인정하는 긍정적인 모습은 엄연히 있는 거니까요.

그런데 자기가 싫어하는 것을 강요한다며 반항하는 데 힘을 쏟느라 자기가 좋아하는 것을 지키지 못하면 그건 자신에게 상처 주는 것과 같아요. 자신에게 기쁨과 성장을 선물해 보세요.

기쁨과 성장을 자신에게 준 사람들을 책이나 영상으로 만나는 것부터 시작해 보세요.

단점을 줄여서 완벽한 자신을 만들자는 게 아니에요. 그런 식으로는 우울감만 더 커져요. 완벽주의보다는 본인이 좋아하는 자기 모습을 더 잘 볼 수 있게 만드는 긍정 강화 운동을 하자는 거예요. 그러자면 단점은 인정하되, 결국 장점에 더 큰 비중을 두고 실행해야 하겠지요? 그 과정에서 힘들면 힘들다고 말해도 돼요. 너무 힘들면 쉬었다가 가도 되고요.

자신을 불행하게 하면서까지 더 좋은 사람이 되려고 노력할 필요가 없어요. 그러지 않아도 충분히 인정받고 사랑받을 자격이 있어요. 여러분 자신이 찾았던 긍정적 모습들도 그 증거예요. 다만 과거와 현재의 자신 중 하필 부정적 모습을 중심으로 생각하느라, 미래에 더 많이 행복을 누릴 자신을 잃어버리지는 말자고 말씀드리는 거예요.

생각을 조금 바꾸는 것만도 대단한 거예요. 여러분의 다양한 모습, 자신의 다양한 가능성을 인정하기만 해도 한 가지 모습으로 단조로운 일상을 살면서 부정적 생각에 갇혀 우울해지는 자신을 구출할 전환점을 얻게 되니까요. 알았죠? 조금씩. 곧바로!

3. 이까짓 노력, 해서 뭣하나?

_ 무기력을 만드는 마음

나는 얼마나 무기력감을 느끼고 있나?

① 내 마음 확인하기

다음 문항의 내용을 보고 자신의 상태와 일치하는 정도를 점수로 표시하세요. 전혀 아니다 1점, 조금 아니다 2점, 그렇다 3점, 간혹 그렇다 4점, 매우 그렇다 5점.

1. 고민하는 문제를 내 힘으로 극복할 수 없다고 생각한다.	
2. 아무리 노력해도 지금보다 나아질 수 있다고 생각하지 않는다.	
3. 굳이 뭔가를 할 의욕이 생기지 않는다.	
4. 최근에 스스로 계획을 세워 뭔가를 해 본 적이 없다.	
5. 집중을 잘 못 하고 다른 생각을 한다.	
6. 무엇이든 열정적으로 끝까지 계속할 수 없다.	
7. 뭔가 하려면 정서적으로 지쳐 있음을 느낀다.	
8. 아침에 일어나서 학교 갈 생각만 하면 피곤함을 느낀다.	
9. 내가 맡은 일을 하는 데 있어서 소극적으로 변했다.	
10. 내가 하는 일의 중요성에 의심이 든다.	

② 채점 방법 및 결과 해석

문항마다 응답을 합산한 점수의 범위는 10~50점이 됩니다. 점수가 낮을수록 무기력 증상이 약하고, 점수가 높을수록 무기력 증상이 심한 것입니다.

15점 이하 무기력을 걱정하지 않아도 되는 상태입니다.

16~25점 무기력이 살짝 있으나 아직 심각한 상태는 아닙니다. 다만 예방 차원에서 관심을 두고 이 책에 나온 방법들을 실행해 보기를 추천합니다.

26~40점 무기력이 일상에 자리 잡은 상태라서 진지하게 이 책에 나온 문제 해결 방법을 실행해야 하는 단계입니다.

41점 이상 이 책에 나온 방법을 실행하면서 상담 전문가의 도움을 받기를 추천합니다. 스스로 도움을 받겠다고 의지를 발휘하는 것도 힘들 수 있으니 이 검사 결과를 선생님 혹은 가족에게 보여 주고 의견을 들어 보세요. 그분들의 도움을 통해 부담을 줄이며 다음 단계로 나아갈 수 있으니, 일단 검사 결과를 보여 주는 것까지만이라도 해 보세요.

이 책에 수록한 무기력 검사는 박병기 등의 전북대 연구팀이 2015년 개발한 학업 무기력 검사와 윌마르 샤우펠리Wilmar B. Schaufeli 등의 연구팀이 1996년 개발한 번아웃 검사 문항 중 한국 청소년 실정에 맞는 문항만 선별해서 재구성했습니다.

발버둥 친다고 뭐가 바뀔까? _ 무기력

무기력은 흔히 기운 없는 상태라고 생각해요. 완전히 틀린 생각은 아니에요. 심리학에서는 이런 상식 수준의 생각보다 더 정교하게 무기력을 분석해서 다음과 같이 정의해요.

"무기력은 자기 힘으로 결과를 바꿀 수 없다는 믿음으로 만들어지는 심리 상태"입니다. 즉 어떤 결과는 이미 정해져 있고, 자기가 아무리 발버둥 쳐도 바꿀 수 없다고 생각할 때 무기력이 생깁니다.

무기력을 뜻하는 영어 단어는 "helplessness"입니다. 이 단어는 두 가지로 해석이 가능합니다. 첫째, 자기 자신을 "도울help" 힘이 "없는less" "상태ness"라는 말이 합쳐진 것이지요. 둘째, "help"를 영어 사전에서 찾으면 나오는 다른 뜻인 "회피avoid"로 해석할 수 있습니다. 즉 예상되는 결과를 회피할 수 없어 결국에는 받아들이겠다고 생각하는 상태를 뜻한다고 해석하는 것입니다. 둘 다 심리학적으로 말이 됩니다.

심리학자 도널드 히로토Donald Hiroto는 소음을 가지고 무기력이 생기는 과정에 대해서 실험했습니다. 히로토 박사는 참가자를 두 가지 집단으로 나눴습니다. A 집단은 소음이 들리면 스스로 버튼을 눌러서 끌 수 있게 했습니다. B 집단은 버튼을 누르든 누르지 않든 소음이 꺼지지 않게 했습니다. 자기 노력으로 결과를 바꿀 수 없는 조건인 거죠.

소음이 들렸을 때 두 집단은 어떻게 반응했을까요? 쉽게 예상할 수 있듯이 A 집단의 실험 참가자들은 버튼을 누르는 등의 반응을 했습니다. 하지만 B 집단의 참가자들은 어땠을까요? 대부분 수동적으로 앉아서 불쾌하고 고통스러운 소음을 받아들일 뿐이었죠. 이것도 당연하다고요?

여기서 중요한 사항이 있습니다. 두 집단의 참가자들은 원래부터 성향이 확실히 구별되는 사람이 아니었습니다. 즉 B 집단의 사람들이 특별히 무기력한 사람들이 아니었습니다. 계속 반복되는 경험으로 무기력하게 변한 것이지요.

자기가 무슨 일을 하든 결과를 바꿀 수 없는 경험이 계속 이어짐으로써 무기력이 생겼다는 점을 잊지 마세요. 혹시 무기력을 느낀다면 반복되는 경험에 문제 해결의 단서가 있습니다. 꼭 대학에 가야 하나 싶은 마음에 어른들에게 고민을 털어놨는데, 매번 "그래도 일단 대학은 가야 하고, 공부나 해라."라는 말을 들었다면 더 고민을 털어놓을 마음도, 알아서 열정적으로 공부할 마음도 없어집니다. 그냥 상황이 흐르는 대로 자기를 방치하게 됩니다. 책상에 엎드려 자는 학생만 무기력한 게 아니에요. 열심히 학교와 학원에 다니지만 표정이 밝지 않고 남이 정해 준 길을 따라가며 수동적으로 명령을 듣는 학생도 똑같이 무기력한 거예요.

물론 현실에서는 공부하기 전에 이미 실패를 예상하고 포기하는 경우가 더 많습니다. 그런데 그런 학생도 일생을 통틀어 보면 열심히 공부한 적이 있었어요. 한글을 뗄 때, 구구단을 외울 때, 노래를 외울 때 등등……

지금 뭔가를 알고 있고, 어떤 것을 사용하고, 어떤 행동을 하는 것은 저절로 된 게 아니라 노력한 결과입니다. 그냥 흘러가는 대로 살았다면 없었을 변화를 이루었다는 뜻이죠. 가슴 뿌듯해해도 좋을 성과를 거둔 적이 있습니다.

하지만 결국 자기가 해낸 것보다 기대했던 목표와 비교해서 부족한 면을 보고 실패했다고 생각한다면 어떨까요? 남들이 보기에는 충분히 성공한 것인데도 막상 본인은 기운이 빠지겠지요? 그런 경험이 몇 번 반복되면 자기 힘을 다하기 힘듭니다. 그러면서 어차피 노력해도 결과를 바꿀 수 없다고 생각해서 지레 포기하게 됩니다. 포기했으니 결과 역시 좋지 않습니다. 그 결과를 보고 '역시 내 생각이 맞았어'라며 무기력에 더 빠집니다.

여기서 눈여겨봐야 할 게 있습니다. 중간에 전환점이 있었다는 것이요. 목표와 비교해서 부족한 면을 보는 게 아니라, 출발점과 비교해서 얻은 성과를 봤다면 어떨까요? 기운이 더 나지 않았을 까요?

심리학 연구들에 따르면, 무기력이 생기는 원인 중 하나가 지나 치게 높은 목표입니다. 초등학생에게 중학교나 고등학교 과정을 선 행학습 시키고, 중고등학생 수준으로 시험을 보게 한 다음에 그 점수를 마치 초등학생으로서의 진짜 실력으로 평가한다면 어떨까 요? 도전을 통한 성취의 기쁨보다는 좌절의 아픔을 더 많이 느끼 기 쉽습니다. 게다가 그 시험 점수가 지금 당장도 아니고 나중에 명문대 입학 여부를 결정짓기라도 하는 것처럼 계속 몰아붙이면 어떨까요? 최종 결과에 더 신경이 쓰여 지금 하는 일에 집중하기 힘듭니다. 그리고 초등학교에서 공부하는 것에 의미를 찾기 힘들겠 지요?

최종 명문대 입학이 아니라, 학교 시험 점수 몇 점이라도 올리는 것을 목표로 삼았다면 어떨까요? 몇 점 올리는 것에 집중해서 활 기차게 다양한 방법을 시도해 보았겠지요? 성공하면 뿌듯하고, 실 패해도 어떤 방법이 문제였는지 시행착오를 통해 교훈을 얻어 다 음 도전에 활용하겠지요. 공부보다는 일단 학교를 가능한 한 빠지지 않고 다니며 적응하기와 같은 목표를 세웠다면 어떨까요?

스케이트가 재미있어서 타는 어린아이에게 주변에서 계속 "김연아처럼 되려면 더 열심히 해야 해."라고 말하거나, 스스로 자신을 김연아와 비교한다면 어떨까요? 역할 모델로 삼고 따라 하는 정도가 아니라, 계속 비교하면서 스케이트를 탄다면 스트레스가 쌓이고 재미가 줄어들 거예요. 재미가 없으면 스케이트를 타고 싶지 않게 되고, 결국 실력도 늘지 않고, 자신은 스케이트에 재능이 없다고 생각하기 쉽습니다.

완벽하지 않으면 의미가 없을까?
_ 완벽주의와 학습된 무기력

무엇이 되었든 높은 수준의 목표는 득보다는 실이 커요. 스트레스를 주다가 결국 성과에 미치지 못했을 때 크게 실망하게 만드니까요. 그런데도 왜 높은 수준의 목표를 군이 설정하는 것일까요? 스트레스도 받고, 무기력에 빠지기도 쉬운데 말이죠. 그것은 완벽주의가 뒤에 숨어 있기 때문입니다.

"이왕 하는 것 완벽하게 하지 않으면 의미가 없다!"

어디에서 들어 본 말 아닌가요? 우울증의 배경인 역기능적 신념. 지나치게 이상적인 생각, 성공 아니면 실패라는 이분법적 생각. 이런 생각이 무기력을 부채질해요.

여기서 또 잊지 말아야 할 게 있어요. 위기는 기회기도 해요. 이런 역기능적 신념들을 없애 버리면 우울증과 무기력을 동시에 예방하고 해결할 수 있어요. 그런데 이 장에서는 일단 해결 방법보다는 무기력이 생기는 과정을 이해하는 것에 더 집중해 봅시다.

완벽주의는 세 가지로 나눌 수 있어요.

첫째, 자기 지향 완벽주의self oriented perfectionism는 엄격하고 높은 기준을 설정하고 이를 토대로 자신을 평가하는 성향이에요. 무기력을 만드는 주요 요인이지요.

둘째, 사회적으로 부과된 완벽주의socially prescribed perfectionism는 타인이 자신에게 높은 기준을 부여하고 이를 수행하도록 압박을 가한다고 보는 성향이에요. 이것 역시 무기력의 주요 요인이에요. 한국 청소년에게는 사회적으로 부과된 완벽주의가 특히 심각한 편이에요. '~를 해도 좋다' 혹은 '~를 안 해도 된다'보다는 '~를 해야 한다'라는 메시지가 훨씬 많으니까요.

사회적으로 부과된 완벽주의는 실제로 강요하는 타인이 있어서 생깁니다. 하지만, 자기가 그런 의무가 있다고 생각하는 것으로도 완벽주의가 생길 수 있습니다. 둘 다 불행한 일입니다.

예를 들어 학생이면 당연히 공부를 잘해야 하고, 어른의 말을 무엇이 되었든 따라야 한다고 강요당한다면 어떨까요? 학교에서나 집에서나 그 수준을 완벽하게 맞추려면 숨 쉴 틈이 없을 거예요. 겉으로는 참 완벽할 정도로 모범적인 청소년이지만 마음은 행복과는 거리가 멀지요. 변화를 꿈꾸지 못하고 무기력하게 남의 기준을 따르는 거니까요.

셋째, 타인 지향 완벽주의other oriented perfectionism는 타인에 대해 비현실적일 정도로 높은 기준을 설정하고 타인의 수행을 엄격하게 평가하는 성향이에요. 무기력보다는 인간관계 갈등의 주요 요인이지요. 조별 과제를 할 때 다른 조원들에게 높은 수준의 결과물을 내라고 강요하는 조원 혹은 조장이 있다고 상상해 보세요. 확실히 갈등하겠죠?

여러분은 어떤 완벽주의가 특히 나쁘다고 생각하시나요? 제가 무기력 청소년을 상담해 본 입장에서는 사회적으로 부과된 완벽주의가 가장 나빴어요. 자기 지향 완벽주의는 자기 생각을 바꾸는 것에만 집중하면 되는데, 사회적으로 부과된 완벽주의는 다른 요인이 더 있으니까요. 실제로 사회가 완벽주의를 부추기기도 하고, 가족이 완벽주의를 부추기는 예도 있어요. 그럴수록 자기 가치관을 제대로 확립하는 데 집중해야 합니다. 자기 가치관을 갖고 산 사람이 어떤 성공을 했고 어떤 행복을 누렸는지를 보여 주는 위인

전, 신문 기사, 영화, 만화 등을 경험하는 게 효과적이에요.

완벽주의를 말하기 전에 무기력 자체가 아주 무섭기는 해요. 무엇이라도 해 봐야겠다는 생각 자체가 없는 상태가 오랫동안 지속되다 보니 무기력한 상태를 문제로 인식하지 않게 되니까요.

"이렇게 사는 게 당연하지 않나?"

"그냥 이렇게 시간 보내다가 하게 되는 거 하며 살면 되는데, 왜 문제라고 하는지 모르겠어요."

이런 말들을 들으면 가슴이 아픕니다. 사실 당사자도 마음속으로는 당연하지 않고, 문제라는 것도 알고 있어요. 하지만 빠져나올 힘이 남아 있지 않아서 괜찮은 척하는 거니까요. 상담사가 도와주는 것에 장단을 맞춰 주는 것조차 힘이 들어서 피하고 싶은 거예요. 그러니 이런 말을 하는 사람일수록 더 도움이 필요하답니다.

앞서 무기력은 타고난 성향이 아니라 자라면서 반복되는 경험으로 학습된다고 했죠? 이게 바로 학습된 무기력learned helplessness 개념입니다. 과거에 결과를 통제할 수 없다는 것을 반복적으로 경험하면 미래의 결과도 통제 불가능하겠다고 판단해서 아예 반응하지 않는 거죠. 왜일까요? 앞서 소개한 히로토 박사 실험의 B 집단 참가자에게서 드러난 것처럼 상황이 통제 불가능하고 자신의 반응이 중요하지 않다는 것을 학습했기 때문이에요. 통제 불가능성이라고 하니까 말이 어렵네요. 속수무책! 일상에서도 쓰는 이 사자성어가 바로 통제 불가능성이에요.

그런데 이런 무기력 학습에는 변수가 있어요. 문제 해결의 단서이기도 해요.

통제 불가능한 경험의 원인이 외부에 있다고 생각하면 어떨까요? 즉 갑작스러운 재난처럼 애초에 자기 내부의 힘으로 통제할 수 없다고 생각한다면 어떨까요? 그리고 계속 안정적으로 일어나는 사건이 아니라 일시적이거나 언젠가 없어질 상황이라고 생각한다면요? 일반적으로 경험할 수 있는 게 아니고 이번만 예외적이라고 생각한다면요? 이렇게 생각하면 무기력에 쉽게 빠지지 않아요.

반대로 말하면 통제 불가능한 경험이 능력 부족이나 불운한 운명과 같은 자기 내부적인 문제 때문이고, 그런 경험이 계속 일반적으로 일어날 것으로 생각하면 무기력에 빠지게 됩니다. 내부, 지속, 일반! 문제의 원인을 이 세 개를 중심으로 찾는 게 핵심이에요.

예전에 실패한 경험과 미래에 맞이할 경험이 완전히 다르다고 생각하면 무기력에서 벗어날 틈이 보이기 시작합니다. 하지만 과거와 현재, 미래의 경험이 다 똑같다고 생각하면 무기력이 다른 일에까지 전염됩니다.

"난 공부해도 안 되니 운동도 못 할 거야."

이런 식으로요. 실제로 공부에 재능이 없을 수 있어요. 하지만 그게 운동 재능과 똑같은 것은 아닙니다. 설령 처음에 운동을 못하게 되어도 그것은 능력 부족이 아니라, 아직 숙달하지 못한 탓이 더 커요.

무기력하지 않은 사람은 '어, 노력을 덜 했나 보네'라며 더 에너지를 쏟아요. 즉 능력의 문제가 아니라, 노력의 문제로 보는 거죠.

반대로 무기력한 사람은 뭐든지 능력의 문제로 봐요. 능력이 없으니 변화시킬 힘도 없고 결과적으로 노력해도 안 된다고 생각하죠. 무기력한 사람은 '역시 난 뭘 해도 안 돼. 포기하자'라고 말이죠. 노력하기보다는 운 혹은 미신에 더 신경 써요. 운동선수 중에도 더 이상 노력해도 상황을 바꿀 수 없다고 믿을 때 특정 색깔의 속옷을 입거나 특정 행동을 시합 전에 하는 등등 각종 징크스에 매달리는 경우가 있어요. 우연히 변화가 일어나면 아예 노력하지 않고 그저 운과 미신에 의지해요. 겉으로 보면 그렇게라도 안간힘을 써서 더 나아지려 최선을 다한다고 평가할 수 있겠지만, 심리학적으로는 무기력한 거예요.

자기 내부가 아니라 외부에 의지하는 이유가 있어요. 그리고 그 이유는 무기력을 더 심각하게 만들기도 해요. 그 범인은 바로 자기 효능감이에요.

자기 효능감은 "자신이 잘할 수 있다는 믿음"이에요. 실제로 잘하는 능력이 아니에요. 이게 아주 중요해요. 새로운 것에 도전할 때 실제로 능력이 없지만 자기 효능감이 높다면, 잘할 수 있다며 더 노력하겠죠? 노력하니까 실력도 쌓이고 더 좋은 결과를 얻게 되어 '역시 나는 잘해.'라는 믿음인 자기 효능감이 더 커져요.

그런데 현실은 자기 효능감을 높이는 것보다 낮추기 쉬운 조건이 너무 많아요. 예를 들어 너무 높은 수준으로 일을 잘하는 사람들의 이야기가 SNS에 쉽게 퍼집니다. 계속 화제의 인물이 쏟아져 나오죠. 그런 소식을 접하면서 '나는 저 사람들과 다르게 잘하지 못하고 있어.'라며 자기 효능감이 무너집니다. 사실 그들도 엄청난 시간과 노력을 들여 그런 성공 사례를 만든 것이지만, 단편적인 기사에서는 마치 마법처럼 바로 일을 잘 해낸 것처럼 보입니다. 자기만 못 하는 것 같아 무력감이 마음속에 자리를 차지합니다.

통제 불가능한 상황이 되면 정서적으로 흥분하게 됩니다. 흥분은 말 그대로 안정과 거리가 멀어서 통제하기 힘들어요. 그래서 상황뿐만 아니라, 정서를 통제하는 능력까지 없다고 생각하게 돼요. 그러면서 더욱 자기 효능감이 떨어져요. 그리고 흥분이 유지되니 계속 어쩔 줄 모르면서 불안까지 커지죠. 불안하니까 또 실패할까 봐 새로운 도전을 꺼리고, 그러는 자신을 한심하다고 느끼면서 우울감에 빠져요. 이렇듯 무기력은 불안, 우울감과 함께 겪는 경우가 많아요. 그리고 늪처럼 부정적인 마음은 기분을 더 아래로 처지게 해요.

무기력이 심해지면 독립적인 삶을 포기하고 의존적으로 살아가

려고 해요. 그래서 한국뿐만 아니라 전 세계에서 어른이 되어도 여전히 부모에게 의존하는 성인이 계속 증가하고 있어요. 한국에는 캥거루족이 있고, 중국에서는 컨라오주啃老族, 일본에서 패러사이트 싱글parasite single 혹은 코도모베야오지상子供部屋おじさん, 영국에서는 키퍼스kippers, 미국에서 트윅스터twixter라는 신조어가 생길 정도로 그 수가 늘고 있어요.

무기력에 빠져서 그냥 기운 없이 가만히 있는 것만은 아니에요. 앞서 운이나 미신에 의지하는 것처럼, 외부에 힘 있어 보이는 사람에게 맹목적으로 의지하기도 해요. 비현실적인 사기성 공약을 내세운 정치인을 극단적으로 열렬하게 지지하기도 해요. 지지 자체가 문제가 된다기보다는 그 방향이 문제가 될 수 있어요.

무기력에 빠지면 자기 힘이 약하니 아주 강해 보이는 사람을 동경해요. 실제로 강한 사람이 아니라, 강하다고 생각하는 사람을 동경하는 거죠. 그런데 자신이 강한 힘을 가진 것이 아니다 보니 무분별하게 일을 밀어붙이거나 약자를 억압하는 사람을 강하다고 착각해요. 약자와 연대하는 게 아니라, 강자에게 잘해 주는 사람 혹은 약자를 함부로 대하는 사람과 연대해서 답답함을 벗어나려 해요.

전 세계적으로 무기력이 퍼지다 보니 예전과 다른 도덕성을 가진 트럼프 같은 정치인이 선출되기도 해요. 그런 정치인은 자기 힘으로 뭘 해결하기보다는 부정부패를 일으키고 그 책임을 다른 곳으로 돌려요. 무기력한데다가 자신이 그런 인간에게 쉽게 속았다는 것을 인정하면 더 비참해지니까, 계속 열렬히 지지해요. 하지만 그 정치인이나 정치 세력은 무력한 사람들의 문제엔 관심이 없고, 사회 전체의 문제를 해결하는 것보다 자기 이익에 관심이 있으니 결국 사회적으로도 결과를 바꾸지 못해요. 결국 무력감이 더 심각해지죠.

이래서 무기력을 개인 문제로 국한하지 말고, 사회 문제로 보고 불안과 우울증처럼 사회가 적극적으로 해결해야 하고, 그렇게 하는 데는 체계적인 정책이 필요해요. 개인적으로나 사회적으로나 무력감에서 벗어나려면 좋은 사회로 변화를 추구하는 세력을 지지해야 합니다. 변화를 막는 쪽에 함께 서면 좋은 역할을 보며 무력감에서 벗어날 단서를 얻을 기회도 없으니까요.

사고방식이 무기력하게 만들기도 해
_ 이분법적 사고, 과잉 일반화의 오류, 인지 왜곡

무기력한 사람은 우울증에 걸린 사람과 마찬가지로 세상을 흑백논리로 해석하고 평가하는 경향이 있어요. 사건의 의미를 이분법적인 범주의 둘 중 하나로 해석해서 이분법적 사고dichotomous thinking 라고도 해요. 세상에는 다양한 수준의 일이 여러 가지로 일어나지 만, 좋지 않으면 나쁜 것, 성공 아니면 실패로 단정하는 거지요.

무기력한 사람은 '과잉 일반화'의 오류에 빠지기도 해요. 과잉 일 반화overgeneralization는 한두 번의 사건을 근거로 그것이 일반적이라 고 결론을 내리고, 해당 사건과 상관없는 상황에도 그 결론을 적 용하는 오류예요. 살다 보면 성공할 때도 있고, 실패할 때도 있어 요. 그런데 유독 실패한 몇 사건에 집중해서 다른 사건들에 대해서 도 실패할 것으로 판단해요.

예를 들어 친구들과 만나려고 했는데 친구가 바쁘다며 약속을 취소하면 자기는 늘 거부당하는 사람이라서 다른 사람들과도 좋 은 인간관계를 가지지 못할 것이라 여기는 식으로 말이에요. 그 친구와 잘 만났던 때는 무시하고, 다른 사람들과 잘 만날 새로운 가능성도 무시하고, 자기가 어떻게 해도 실패하겠다고 판단하는 거죠.

이런 생각을 하는데 어떻게 남을 진심으로 친절하게 대할 수 있 겠어요? 그러면 상대도 불편해지고 결국 자기가 걱정했던 것처럼 인간관계도 좋지 않게 돼요. 그러면 과잉 일반화 때문이었다고 생 각하는 게 아니라, 자기가 대인관계 능력이 역시 없어서 그런 것이 라 더 강하게 믿으며 더욱더 무기력하게 됩니다.

과잉 일반화를 부추기는 오류도 따로 있어요. 바로 정신적 여과 mental filter예요. 정신적 여과는 어떤 상황에서 일어난 여러 가지 일 중에서 일부만을 뽑아내어 상황 전체를 판단하는 거예요.

예를 들어 시험을 봤는데 점수가 오른 과목도 있는데, 떨어진 과목만 뽑아서 자신이 이번 시험 전체에서 완전히 실패했다고 생각한다면 일단 정신적 여과를 거친 다음에 과잉 일반화하는 것이 되어요. 학교 선생님이 보여 주는 다양한 태도 중에는 긍정적이거나 적어도 중립적인 메시지도 있는데, 몇 번의 부정적인 메시지에 집중해서 "선생님은 나를 싫어해."라고 생각하는 것도 정신적 여과가 있어서예요. 정신적 여과와 과잉 일반화가 부정적인 내용에 대해서 일어나면 우울증, 무기력이 더 잘 생겨요.

의미 확대magnification 또는 의미 축소minimization와 같은 인지 왜곡도 우울증과 무기력 모두를 만들 수 있어요. 부정적인 일의 의미는 크게 확대하고 긍정적인 일의 의미는 축소하니 세상과 자신을 모두 비관적으로 보게 되어 우울증에 걸려요.

예를 들어, 남에게 비판받으면 자신을 싫어한다고 확대해서 생각해요. 칭찬받으면 그냥 예의상 한 말이라고 축소해요. 그래서 우울해져요. 어떤 도전을 했을 때 얻은 교훈의 가치는 축소해서 생각하고, 부족한 부분이 끼칠 영향은 확대해서 생각해서 자기 도전이 별로 중요하지 않고 오히려 안 하느니만 못했던 것이라며 무기력에 빠져요. 자기가 가진 강점은 축소하고, 약점은 확대해서 생각하니 스스로 무능력하다고 생각해 무기력에 빠지기도 해요.

특히 자기에 대해서와 반대로 다른 사람들에 대한 의미 확대와 의미 축소를 해서 무기력을 더 키우기도 해요. 즉 다른 사람들이 해낸 일은 확대해서 생각하고, 그들이 한 실수와 실패는 축소해서 생각해 자기와 비교하며 자신이 능력이 없다고 생각해요.

작은 성공을 모아서 무기력 걷어차기
_ 퀵 윈과 자기충족적 예언

기본적으로 자기가 잘하지 못했고, 앞으로도 잘하지 못할 것이라는 믿음 때문에 무기력에 빠지는 것이니, 반대로 자기 효능감을 키우는 게 크게 도움이 돼요.

자기 효능감을 높이려면 완벽주의에서 벗어나 조금이라도 나아진 점을 찾으려고 노력해야 해요. 그리고 시간이 걸려야 도달할 수 있는 높은 목표보다는 사소하지만 쉽게 성취할 수 있는 목표를 설정하고 실행해서 성취감을 맛봐야 해요. 성취감이 생기면 자기 노력의 가치를 알게 되고, 노력으로 결과가 바뀐다는 믿음도 생기지요. 그리고 자기가 충분히 잘하고 있다는 자기 효능감도 높아지고요. 이 방법을 퀵 윈quick win이라고 해요. 목표를 빨리 성취하는 일에 에너지를 집중해서 실행한다는 뜻이에요.

예를 들어 공부해서 이번 시험에서 성적을 올리겠다는 목표는 퀵 윈이 아니에요. 책상에 앉아서 15분 알람이 울릴 때까지는 책을 보겠다는 목표가 퀵 윈의 시작이에요. 그냥 목표만 세우는 게 아니에요. 목표에 맞게 실행해서 수행 성공의 경험을 쌓는 게 퀵 윈이에요. 산을 정상까지 오르겠다가 아니라, 일단 500걸음 한 세트를 완성하겠다고 목표를 세워서 가는 게 퀵 윈이에요. 정상에 도착하는 것은 똑같아요. 그래도 먼 목표를 잡은 사람은 맨 마지막에 성취감을 느끼지만, 퀵 윈을 선택한 사람은 세트를 성취할 때마다 느끼는 기쁨을 다음 세트에 도전할 에너지로 바꿔가며 정상에 도달해요. 성취감의 총합이 훨씬 커지죠.

처음부터 큰 목표를 세우면 더 많은 스트레스를 받는다는 문제만 있는 게 아니에요. 그 목표 달성에만 집중하느라 다른 전환점이 될 만한 것들을 무시하게 돼요. 애초 계획을 세울 때는 몰랐지만 시행하면서 알게 된 꼭 고려해야 하는 사항도 가볍게 여기게 돼요. 이런 현상을 인지 공백attentional blindness이라고 해요. 즉 목표에 치우친 편협한 시각 때문에 다른 중요한 요소들을 인식하지 못하게 돼요. 이렇게 얻는 것보다 잃는 게 더 많으니 큰 목표를 세우는 일은 하지 않는 게 좋아요.

지금 당장 실행해서 결과를 확인할 수 있는 목표를 세워야 해요. 자기가 최종적으로 얻고 싶은 결과를 목표로 삼으면 안 돼요. 공부해서 성적을 올리겠다는 것을 목표로 삼는 게 아니라, 일단 하루에 참고서 10쪽씩 진도 나가기를 목표로 삼아야 해요. 그래야 목표를 이루는 성취감을 계속 느낄 수 있어요. 최종 결과가 아닌, 과정 중간중간을 목표로 삼기! 이게 비법이에요.

성취감이 강한 사람은 당연히 자기가 잘하고 있다는 믿음도 강해져요. 무기력은 자기가 하는 일에 대해 성취감이 없을 때 심해지잖아요? 이 일을 왜 하나 싶고, 자기 노력의 성과가 무엇인지 확인할 수 없을 때 무기력에 빠지니, 퀵 윈은 자기 효능감도 높이면서 무기력에서 탈출하는 아주 좋은 전략이에요.

자기 효능감은 말 그대로 '자기'에 대한 생각이잖아요? 그리고 무기력에 빠진 이유가 자기에 대한 잘못된 믿음 때문이니 자기를 표현하는 용어를 다르게 사용해서 생각하는 것도 도움이 돼요.

예를 들어, 어떤 일에 도전했는데 목표 달성을 못 했다고 해서 "무능력자" 혹은 "한심한 인생 패배자, 루저"라고 하는 게 아니라, "도전자"나 "시행착오 교훈을 얻으며 나아지는 사람"이라고 자신에게 이야기하는 거예요.

말하는 게 힘들면 차분히 글로 먼저 쓰면 더 좋아요. 글은 마음을 흥분 상태에서 벗어나게 하는 힘이 있거든요. 앞에서 무기력은 흥분 상태에서 시작한다고 말한 것 기억하지요? 감정을 통제하는 자신을 느끼고 칭찬해 주세요.

말 하나 바꾸는 게 정말 효과가 있을까 싶다고요? 그렇게 이미 결과는 정해져 있고, 무엇을 하든 변화시킬 수 없다는 생각이 바로 무기력이에요. 자기 효능감 연구를 했던 앨버트 밴듀라Albert Bandura 박사는 자기가 선정한 기대에 스스로 행동을 맞추어 가는 자기충족적 예언self-fulfilling prophecy 연구도 했어요. 즉, 자신을 '무능력자'로 규정하는 사람은 앞으로 자신이 실패자로 행동하리라 예측하고, 그런 모습을 떠올리고 나중에 실제 상황에서 미리 구체적으로 상상했던 모습대로 실패자처럼 행동하게 돼요. 자신을 '도전자'라고 규정하는 사람은 좌절의 순간에도 도전의 가치를 잊지 않고 나중에도 도전할 것을 떠올리고 실제로도 도전하게 될 확률이 높아요.

여기서 퀴즈. 무기력의 반대 개념은 뭘까요? 투지? 맞아요. 좌절의 순간에도 끝까지 어떻게든 일을 마무리 짓는 힘이 바로 투지예요. 퀵 윈으로 계속 성취감을 느끼며 앞으로 나아가고, 혹시라도 실패하더라도 자기를 규정하는 말을 바꿔 다르게 생각하는 것만으로도 무기력에서 벗어나 투지를 기르는 길을 찾을 수 있어요.

세 번째 편지

다르게 움직이고, 다르게 생각하고, 다른 것을 느껴 보세요

가장 상담하기 힘든 청소년을 꼽으라면 개인적으로 저는 무기력에 빠진 청소년이라고 대답하겠어요. 일단 상담실에서 만나는 것부터 아주 힘들어요. 무기력해서 다른 사람의 힘에 눌려서 혹은 눈물 섞인 간청 때문에 억지로 상담실로 옵니다.

당연히 상담실에 오는 게 좋을 리가 없어요. 상담실에 도착하면 기본적 소통도 하지 않고, 자기가 지금 이 상황을 얼마나 싫어하는지 온몸으로 보여 줘요. 아예 책상에 엎드려 있거나, 밖으로 나가고 싶다는 의지를 보여 주려고 문 앞에 얼굴을 맞대고 서 있기도 해요. 무기력해도 아주 열성적으로 싫은 마음을 표현해요. 그러면 저는 실망이 아니라, 오히려 마음을 놓아요. 희망이 있으니까요.

무기력은 자신이 어떤 노력을 해도 결과를 바꿀 수 없다는 믿음 때문에 생기는 거잖아요? 그러니 비록 부정적인 표현이지만 어쨌든 노력하면 결과가 바뀐다는 경험을 하게 해 주면 무기력에서 조금은 벗어날 수 있어요. 15분만 앉아 있으면 더 상담하지 않겠다, 부모님이 상담하라고 해도 상담하지 않겠다 등

등 상담실에 올 때 마음속으로 짐작했던 뻔한 결과에 대한 기대부터 허물어요.

다음에 만날 때도 상담 대신 산책하자고도 하고, 그 청소년이 사는 동네에서 만날 수 있는 쿠폰을 몇 장 발행하기도 하고, 함께 벼룩시장에 가기도 하고, 언제든 접근할 수 있는 전용 메신저 아이디를 알려 줘서 비밀스러운 소통을 하기도 해요. 이런 식으로 상담이라기보다는 계속 이상하게 만나면서 재미있는 일을 경험하면 어느덧 무기력에서 벗어날 수 있어요.

제가 힘들어하는 청소년은 따로 있어요. 아예 상담실에 온 것을 싫어하는 기색도 없고, 아무 표정 변화도 없고, 아무 표현도 하지 않는 무기력은 저도 힘들어요. 이럴 때면 청소년과 이야기를 주고받는 게 힘드니 아예 보호자를 상담합니다. 그러면 보호자는 한숨을 쉬며 이렇게 말합니다.

"원래는 안 그랬는데, 왜 이렇게 된 건지 모르겠어요."

보호자를 공격하려는 의도는 아니지만, 해당 청소년이 원래부터 그랬다는 사실부터 이해시킵니다. 하고 싶지 않지만 부모의 강요로 억지로 학원에 다니던 모습과 이제는 강요해도 학원은 물론 학교도 가지 않고, 아침에 일어나서 밤에 자는 생활 주기도 깨진 채 되는 대로 사는 모습은 분명 차이가 큽니다. 하지만 가고 싶지 않은 곳을 가지 않고 하고 싶지 않은 것은 하지 않았으면 했던 마음은 원래부터 있었던 거예요. 그 마음을 존중하지 않았던 것이 무기력을 키웠던 거지요.

그래서 저는 보호자에게 이렇게 조언합니다.

"상담도 청소년 본인이 그렇게 하고 싶지 않다고 하면 멈춰도 좋다고 하세요. 자기표현으로 결과를 바꾼 경험이 아주 중요해요. 그러니 일단 이번 상담부터 바꾸기 시작하세요."

제가 능력이 없어서 포기하는 줄 오해하시는 분도 있어 덧붙여 말합니다.

"이번 상담은 언제든 멈춤 버튼을 누를 수 있고, 상담 선생님은 그 버튼을 존중해서 멈출 것이라고 저는 말하겠습니다. 단, 멈춰도 혼내지 마셔야 해요."

이렇게 말한 다음에 저는 청소년에게 전해 줄 쪽지를 씁니다. 다음 질문에 관한 이야기를 듣고 싶다고요. 그게 전부라고요.

"오늘 밤 잠자리에서 옛날의 내가 죽고, 내일 아침 새로운 나로 부활한다면 어떤 일을 꼭 하고 싶나요?"

여러분에게도 이 질문을 드리고 싶어요. 어떤 일을 하고 싶나요? 그 이야기를 들은 다음에 저는 또 질문을 합니다.

"그렇게 하고 싶은 일을 지금 못 하는 이유는 무엇인가요?"

혼내거나 비판하기 위해서 하는 질문이 아니에요. 정말 이유를 찾고 싶어서 하는 질문이에요. 무기력이 문제가 아니라 그 이유를 찾는 게 문제입니다. 일단 그 장애물을 해결하는 데 에너지를 집중하게 됩니다. 에너지를 집중해서 뭔가를 하는 모습. 그게 바로 무기력에서 멀어지는 것이죠.

만약 지금 하고 싶은 게 없다면 어떻게 해야 할까요? 그런 경우에는 시간의 축을 과거로 돌리면 됩니다. 즉 이렇게 질문하는 거예요.

"자신이 못 하는 것은 알지만 그래도 하고 싶은 것이 있었나요? 왜 그렇게 하고 싶었나요?"

실제로 그 일을 다시 하기 위한 게 아니에요. 그때의 열정을 다시 느끼고 무기력에서 벗어난 마음을 잠시라도 느끼기 위해서 하는 거예요. 그때는 잘했는데, 지금은 왜 아니냐며 비교하기 위함이 아니에요. 가급적 구체적이고 길게 예전의 즐거운 기억에 젖는 게 좋아요. 그러다가 지금도 할 수 있는 아주 간단한 연결점이 있으면 슬쩍 더 생각해 보고요.

무기력에서 벗어나려면 일단 도전해야 해요. 도전하려면 실패에 대한 두려움도 없어야 해요. 두려움을 없애려면 이 책의 1장이나 2부에서 소개한 방법을 쓰는 게 좋아요. 그런데 무기력과 관련된 중요한 지침은 따로 있으니 이번에는 그 지침을 소개할게요. 이 지침을 조용히 속으로 여러 번 읽어 보세요.

- 실패는 영원한 게 아니라, 더 좋아지기 위한 과정일 뿐이다.
- 실패하지 않고 가만히 머무는 것보다, 실패를 통해서 모르

던 것을 배우고 더 나아지는 게 훨씬 좋다.

• 새로운 도전은 위험한 게 아니라, 미처 발견하지 못한 재능, 흥미, 재미를 얻을 유익한 기회다.

꼭 이런 지침이 아니라 여러분 자신을 더 설득할 수 있는 형태로 표현을 바꿔도 돼요. 형태를 바꿔도 내용의 핵심인 도전을 통해서 잃는 것보다 얻는 것이 더 많다는 것을 계속 확인하는 것은 바꾸지 말아야 해요. 그리고 자신에게 다음과 같이 질문하지 않거나 생각을 바꿔야 더 효과가 있어요.

• 과연 잘할 수 있을까?

⇨ 잘하지 않아도 일단 지금 상황보다는 어쨌든 나은 게 아닌가? 다른 사람들이 목표를 설정해서 강요하는 것도 아닌데, 왜 스스로 잘하려는 부담을 느껴야 하나?

여러분 일단 다르게 움직이고, 다르게 생각하고, 다른 곳에 가고, 다른 것을 느끼세요. 그것만으로도 결과가 바뀌고, 무기력과 멀어지게 되니까요. 멋진 결과, 다양한 보상, 엄청난 성공과 같은 것을 생각하지 마세요. 오히려 무기력과 가까워져요. 그러니 일단 무엇이든 시작하세요. 물론 합법적인 것부터요.

2부

부정적인 마음 번개기

4. 생각을 바꾸면 운명도 바꿀 수 있다

_ 비합리적 신념 바꾸기

나는 합리적으로 생각하고 있을까?

① 내 마음 확인하기

다음은 여러 가지 신념을 모아 놓은 문항입니다. 자신이 동의하는 정도를 거의 아니다 1점, 아닌 편이다 2점, 보통이다 3점, 그런 편이다 4점, 매우 그렇다 5점으로 평가해서 응답해 주세요.

1. 나는 모든 사람으로부터 사랑과 인정을 받아야 한다.	
2. 나는 철저히 유능하고 남다른 성취를 이뤄야 한다.	
3. 어떤 사람들은 사악하고 나빠서 비난과 처벌을 받아야 한다.	
4. 내가 바라는 대로 일들이 잘되지 않으면 끔찍하다.	
5. 불행은 외적 요인 탓으로 일어나기 때문에 나는 불행을 거의 통제할 수 없다.	
6. 나는 위험스럽고 두려운 일이 생길까 봐 걱정을 떨쳐 버릴 수 없다.	
7. 어려움에 직면하고 책임을 다하는 것보다 피하는 것이 더 좋다.	
8. 나는 나보다 더 힘 있는 다른 누군가에게 의존해야 한다.	
9. 과거는 나의 현재 행동을 결정하는 가장 중요한 요인이다.	
10. 인간의 문제는 항상 옳고 그름이 명확하게 구별된다.	

② 채점 방법 및 결과 해석

이 검사는 상담심리학자인 리히텐베르크Lichtenberg, J. W. 등이 개발한 비합리적 신념을 어느 정도나 가졌는지 알아보는 검사입니다. 열 개 문항에 응답한 점수를 모두 합하면, 총점의 범위는 10~50점이 됩니다.

36점 이상 아주 비합리적 신념을 가진 상태.
25~35점 보통 수준의 비합리적 신념을 가진 상태.
25점 미만 매우 합리적인 신념을 가진 상태.

정말 그럴까? _ 비합리적 신념 반박하기

미국에 심리학과를 처음 만들기도 한 철학자이자 심리학자인 윌리엄 제임스William James는 오래전 이렇게 말했습니다.

"생각이 바뀌면 행동이 바뀌고, 행동이 바뀌면 습관이 바뀌고, 습관이 바뀌면 성격이 바뀌고, 성격이 바뀌면 운명까지도 바뀐다."

심리학이 오랜 시간에 걸쳐 많이 발전했지만, 최신 심리학 연구가 찾은 결론도 이와 비슷합니다. 생각이 바뀌면 행동이 바뀝니다. 인지행동 치료는 생각을 바꿔서 행동을 바꾸고, 결국 삶 전체를 바꾸는 방법입니다.

인지행동 치료의 핵심은 비합리적 신념 바꾸기입니다. 보통 외부의 문제 때문에 심리적 고통을 받는다고 생각하기 쉽습니다. 그런 면도 분명히 있습니다. 하지만 똑같은 조건, 똑같은 상황인데도 어떤 사람은 고통을 받지 않기도 하는 게 분명한 현실입니다. 이런 점에서 외부 상황 자체가 아니라, 그 상황에 대한 내부적인 생각이 어떤가에 따라 문제가 될 수도 있고, 문제가 되지 않을 수도 있고, 고통을 받을 수도 있고, 고통을 받지 않을 수도 있음을 생각해 볼 수 있습니다. 대표적인 상담학자인 앨버트 엘리스Albert Ellis 등이 강조하는 인지행동 수정 치료도 이런 맥락에서 나왔습니다.

인간을 괴롭히는 것은 외부 사건이 아니라, 그 개인의 잘못된 신념, 그리고 그 신념에 바탕을 둔 생각 때문이라는 것은 고통에서 벗어나는 길로 이어지는 중요한 전환점입니다. 고통받는 당사자 탓이라고 혼내는 것이 아닙니다. 오히려 고통에서 벗어나는 길을 생각 바꾸기로 쉽게 찾을 수 있음을 강조하려고 하는 말입니다.

윌리엄 제임스의 말을 반대로 바꿔 보면 더 뚜렷해집니다.
"생각이 그대로이면 행동이 그대로이고, 행동이 그대로이면 습관도 여전히 그대로이고, 습관이 그대로이면 성격이 바뀌지 않고, 성격이 바뀌지 않으면 운명까지도 바뀌지 않는다."

비합리적 신념은 비합리적 생각을 만듭니다. 비합리적 생각은 비합리적인 행동을 만듭니다. 비합리적 행동을 반복하면 결국 비합리적인 습관이 듭니다. 비합리적인 습관이 들면 비합리적인 성격으로 살아야 합니다. 비합리적 성격은 자기 자신도 불편하고 남에게도 피해를 주기 쉬워 당사자를 행복과 거리가 먼 어두운 운명에 떨어뜨립니다. 그런 운명 속에서는 긍정의 싹을 찾기 힘들어 비합리적 신념을 더 강하게 갖습니다. 그러면 더 비합리적으로 생각하고, 행동하고, 이것은 다시 습관이 되고, 성격이 더 엇나가고, 운명이 더 나빠지는 악순환에 빠집니다.

행복에 접근하려면 행동이 만들어지기 전, 잘못된 신념과 비합리적 생각의 고리부터 깨야 악순환이 일어나지 않습니다. 그렇다면 구체적으로 어떻게 해야 할까요? 비합리적 신념의 반대 개념부터 찾으면 되지 않을까요? 즉 비합리적 신념을 합리적 신념으로 바꿔야 합니다. 그렇다면 어떻게 합리적 신념으로 바꿀 수 있을까요? 그동안 갖고 있던 비합리적 신념과 생각을 감정적으로 처리하는 게 아니라, 냉철한 이성에 중심을 두고 반박하는 것입니다.

앞서 검사 문항으로 살펴본 비합리적 신념 말고도 다음과 같이 더 많이 있습니다. 그리고 반박 증거도 더 깊이 생각하고 관찰하면 찾을 수 있습니다.

• 나를 돌봐 줄 사람이 주위에 있어야만 한다.

⇨ 힘들 때는 자기를 도와줄 사람이 왜 없나 싶어 주변 사람들이 원망스럽습니다. 마치 주변 사람들한테 당연히 도와줘야 하는 의무가 있는 것처럼 여깁니다. 물론 홀로 남겨진다는 것은 불행한 일입니다. 그 상황을 떠올리는 것만으로도 정서적으로 싫어 어떻게든 피하고 싶습니다. 하지만 돌봐 줄 사람 없이 홀로 괴로운 상황을 맞이하기 싫어하는 감정 때문에, 누군가 내 곁에 있어야 한다고 생각하는 것은 비합리적입니다. 우리도 누군가가 홀로 있을까 봐 곁에 가서 늘 돌봐 주지는 않으니까요.

• 과거의 영향에서 벗어날 수 없어서 나의 현재 행동과 운명은 과거의 경험이나 사건에 의하여 결정된다.

⇨ 과거가 영향을 주는 것은 사실입니다. 하지만 그 영향이 언제까지, 어떤 방향으로 나아가게 하느냐는 본인의 선택입니다. 몸이 약하게 태어나서 약하다는 이유로 계속 운동하지 않을 수도 있습니다. 하지만 약한 몸을 강하게 하려고 운동할 수도 있습니다. 두 경우 모두 과거가 영향을 주는 것은 사실입니다. 하지만 그 자체로 결정되는 게 아니라, 그에 관한 생각과 선택이 결정하는 것입니다.

참고로 심리학자인 알프레드 아들러Alfred Adler는 어렸을 때 죽음의 문턱을 여러 번 오갈 정도로 약했고, 함께 침대를 쓰던 동생이 하룻밤 사이에 죽는 일도 경험했습니다. 무서움에 자기도 결국 약하게 살다 죽을 운명이라고 생각할 수 있었지만, 아들러는 약할수록 더 강해져야 한다며 반대로 열심히 운동했습니다. 중학교에 입학할 때는 감히 건드리는 동급생이 없을 정도로 힘이 세졌습니다. 운명을 결정한 것은 아들러의 합리적인 생각과 행동이었습니다.

• 모든 문제에는 완벽한 해결책이 있으니, 그 해결책을 찾아야만 한다. 그렇지 않으면 결국 큰 혼란이 생길 것이다.

⇨ 학교에서 시험에 나오는 문제에는 답이 있습니다. 그런데 그 답도 때로는 완벽한 답이라고 말하기 힘든 경우가 많습니다. 그래서 문제 내용에 "다음 중 위의 내용과 가장 가까운 것은?", "가장 올바른 것은?"처럼 비교적 답에 가까운 것을 선택하도록 합니다. 여러 학자와 선생님들이 머리를 맞대어 객관적으로 만드는 지식 문제도 이런데, 세상의 문제는 어떨까요? 복잡한 요소가 뒤섞이고, 시간에 따라 상태가 변하고, 사람들의 마음도 변하는 등 확실하게 고정되지 않은 것투성인데 고정된 완벽한 해결책이 있을까요? 최선의 해결책은 있을 수 있습니다. 완벽주의는 현실에서 가능한 것보다는 비현실적인 이상형에 빠지게 해서 현실을 왜곡해 문제를 일으키기 쉽습니다.

앞서 비합리적 신념 검사에 나온 열 개의 문항도 마찬가지로 반박하는 내용을 찾으면 됩니다. 방법은 간단합니다. 비합리적 신념을 의심합니다. 반대되는 내용으로 문항을 바꿉니다. 그리고 그 바꾼 내용을 지지할 수 있는 사례나 정보를 찾습니다. 그리고 그것을 근거로 더 정교하게 신념을 다듬으면 됩니다. 남이 만들어 준 내용을 암기하는 것이 아니라, 스스로 근거를 찾을 때 더 효과가 있습니다. 상담할 때도 스스로 찾아서 변화할 수 있도록 옆에서 힘을 주고, 너무 막혀 있으면 힌트를 주는 식입니다. 그러면 저도 여러분에게 힌트를 한번 드려 볼까요?

1. 나는 모든 사람으로부터 사랑과 인정을 받아야 한다.
⇨ 모든 사람에게 사랑과 인정받는 게 가능할까요? 여러분은 다른 사람 모두를 사랑하고 인정하나요? 모든 사람이 아니어도 중요한 몇 명에게 사랑과 인정을 받는다면 행복하지 않을까요? 그런데 사랑과 인정을 받으려면 어떻게 해야 할까요?

2. 나는 철저히 유능하고 남다른 성취를 이뤄야 한다.
⇨ 철저히 유능한 것이 가능할까요? 설령 철저히 유능하다고 해도 인간이라면 누구나 실수하지 않을까요? 철저히 유능하지 않으면 남다른 성취를 이룰 수 없을까요? 위인전에 포함될 정도로 남

다른 성취를 이룬 인물들은 허점 없이 철저히 유능하기만 할까요? 유능하다고 해서 매번 남다른 성취를 이룰 수 있을까요? 해결해야 하는 문제가 달라지고, 여러분의 상태도 다르고, 상황도 달라질 확률이 더 높으니 유능하다고 해서 성공이 보장될까요? 실제로 유능한 이력을 가진 사람 중에 성취보다 남다른 실패를 한 예는 없나요?

3. 어떤 사람들은 사악하고 나빠서 비난과 처벌을 받아야 한다.

⇨ 자신을 기분 나쁘게 한 것을 넘어서서, 누가 봐도 아주 객관적으로 사악하고 나쁜 사람인 것을 어떻게 알 수 있을까요? 비난과 처벌을 확실하게 합법적으로 할 방법으로는 무엇이 있나요? 비난과 처벌이 그 사악하고 나쁜 사람을 어떻게 변화시킬까요?

4. 내가 바라는 대로 일들이 잘되지 않으면 끔찍하다.

⇨ 실패를 상상할 때 끔찍했던 일도 막상 겪으면 기분이 좋지 않지만 그래도 버텨냈던 경험은 없나요? 상상했던 감정보다 확실히 충격이 덜 했던 경험은 없었나요? 사람들은 일이 바라는 대로 풀리지 않을 때 어떻게 대처하나요?

5. 불행은 외적 요인 탓으로 일어나기 때문에 나는 불행을 거의

통제할 수 없다.

⇨ 경제적으로 못살거나 객관적으로 불행한 조건에 처했어도 행복하게 사는 사람이 있지 않나요? 불행한 일을 당하고도 생각을 바꾸거나 행동을 다르게 해서 오히려 성장하거나 더 높은 성과를 낸 사람들을 뉴스와 책에서 찾을 수 있지 않을까요?

나머지 다섯 개는 여러분이 직접 바꿔 보세요. 힌트가 될 만한 이야기는 이미 이 책에 불안, 우울감, 무기력 등을 설명하면서 많이 나왔습니다. 그리고 앞으로도 많이 나올 것이고요. 지금 당장 답을 할 수 없어도 괜찮아요. 이 책을 다 보면 결과가 바뀌어 답을 할 수 있게 될 테니까요. 딱 한 가지로 답이 정해진 것은 아니니, 여러분이 가졌을 수도 있는 비합리적 신념을 조금이라도 바꿀 내용을 찾아보세요.

이렇게 생각하는 게 나한테 도움이 될까?
_ 자동적 사고를 멈추는 접속사 주문 외우기

읽어 보니 어떤가요? 혹시 막막한가요? 그러면 각 문항에 대한 힌트가 아니라, 전체 문항을 대할 때 도움이 되는 한 방 기술을 알려드릴게요. 그 기술은 바로 이렇게 자신에게 질문하기입니다.

"그런데 이렇게 생각하는 게 나에게 도움이 될까?"

예를 들어 "누군가에게 의존해야 한다"라고 생각했다면, "남에게 의존해야 한다고 생각하는 게 나에게 도움이 될까?"라고 자신에게 질문하는 거예요. 비합리적 신념이 유용하지도 않다는 것을 명확히 깨닫게 되면, 그 신념을 계속 지키기 힘들거든요.

'도움도 안 되고, 근거도 없고, 나 자신만 계속 괴롭히는 이런 생각은 하지 말자.'

이렇게 자신에게 이야기하면서 마무리해 주세요.

비합리적 신념 중에는 도움이 되는 것처럼 보이는 생각도 있어요. 실제 도움이 아니라, 그렇게 보여서 그냥 버리기 아까운 거죠. 그럴 때면 질문을 좀 바꿔 보세요.

"이렇게 생각하는 게 나를 즐겁고 기분 좋게 하는가?"

객관적으로 유용한지 아닌지 확실히 구별되지 않을 때도 있겠죠. 하지만 기분이 좋은지 아닌지는 주관적으로 자신이 느끼는 것이라 더 명확해요.

이 방법도 힘들다고요? 아, 좋습니다. 정말 숨겨왔던 필살기를 알려 드려야겠네요. 대신 이것은 꼭 하셔야 해요. 제가 추천하는 필살기는 방향과 속도를 바꾸는 접속사 주문 외우기입니다. 주문? 갑자기 웬 마법이냐고요? 아닙니다. 오히려 과학적이고 합리적인 처방이랍니다.

비합리적 신념들은 그냥 머릿속에 떠오릅니다. 이렇게 의식적으로 노력하지 않으면 머리에 떠올라 계속 돌아다니는 생각을 자동적 사고automatic thoughts라고 합니다.

예를 들어 친구가 농담을 듣고도 별 반응이 없으면 '오늘 농담이 재미없었나 보다'라는 생각이 자동으로 떠오릅니다. 친구가 다른 생각 중이어서 잘 못 듣고 반응이 없을 수 있다는 가능성을 따져 볼 틈도 없이 말이에요. 자동적 사고는 계속 이어집니다. '나는 농담을 잘 못 해', '재미있는 농담을 할 때도 이 정도면 평상시 대화는 정말 지루해하겠다', '친구들은 내가 말하는 것을 싫어할 거야', '나는 친구로서 매력이 부족해', '기회가 있으면 친구들이 나에게서 떠나갈 거야', '난 결국 혼자 외롭게 남을 거야', '나는 사귈 만한 가치가 없는 사람이야'. 이런 식으로 자동적 사고는 상황을 과장하거나 자신을 지나치게 비하합니다. 하나씩 따져 보면 연결이 되기 힘든 논리적 비약이 많지만 자동적 사고에 따르면 물 흐르듯이 생각이 이어져 마치 자연스러운 결론처럼 느껴집니다. 이게 문제입니다.

상담을 시작하면 신청자가 이렇게 말하는 경우가 많아요.

"잘 모르겠어요. 이유도 없이 우울해지고 의욕이 사라지고 불안해졌어요."

특정 사건이 있을 때도 마찬가지예요. 자기가 왜 이런 상태가 되었는지 모르는 이유는 자기도 모르게 의식이 흐르는 대로 생각했기 때문이에요. 즉 자동적 사고가 삶을 운전하는 대로 맡겼기 때문에 경로를 잘 기억하지 못하는 거예요.

자동적 사고를 멈추려면 어떻게 해야 할까요? 의식의 힘을 발휘해 수동 모드로 바꿔야겠지요?

예를 들어 '난 구제 불능이야.' 이런 생각이 들었다면 여기서 멈추면 안 됩니다. '하지만 나는 책에서 본 것처럼 나 자신을 너무 가혹하게 평가하는 것일 수도 있어.' 이런 식으로 의식적으로 방향을 틀거나 기존 생각을 멈춰야 합니다.

어떤 일을 하기 전에 무기력해서 '어차피 해도 안 될 거야'라고 생각이 들었다면, 그 생각이 더 부풀려지기 전에 '그래도'라는 주문으로 멈춰야 합니다. '그래도 이것은 일단 하자' 식으로 다음에 말을 더 붙여서 다른 생각이 머리를 채우게 해야 합니다.

'나는 도와줄 친구가 없어. 그러니까 계속 우울하게 살 거야.'라는 생각이 들면 '그럼에도 불구하고'라는 새로운 주문을 외워 다음 내용을 채우는 거예요. '그럼에도 불구하고 책이나 영화에서 나와 비슷한 주인공을 만나면 친구를 만난 것처럼 마음이 더 편해질지도 몰라'라는 식으로요.

국어 시간에 배웠던 역접이나 전환 접속사들이 자동적 사고를 멈추는 좋은 주문이 될 수 있어요.

그런데
그러나
그럼에도 불구하고
그렇지만
그래도
오히려
또는
혹은
단
아니면

자동적 사고가 떠오르면 의식적으로 위의 주문을 일단 뱉고, 다음 내용을 채워 넣는 습관을 들이면 에너지를 얻을 수 있어요. 자동적 사고로 부정적인 마음에 뺏기는 에너지를 지키는 것만으로도 큰 힘이 된답니다.

'아, 갑자기 어떻게 주문을 외우는 습관을 들일 수 있겠어.'

이런 생각이 든다면 어떻게 해야 한다고요?

'그럼에도 불구하고, 일단 오늘 한번 해 보자. 그래, 이걸 하려면

포스트잇 같은 것에 쓰는 게 좋겠지? 내 입에 착착 붙을 수 있게 친숙한 내 손 글씨로 써 봐야지.'

이런 식으로 생각을 의도적으로 계속 끌고 가 보세요. 단, 주의할 점이 있어요. 역접 접속사를 써서 긍정적인 에너지로 계속 생각하다가 또 역접 접속사를 써서 원래 방향으로 되돌아가면 절대 안 됩니다. '손 글씨로 써 봐야지. 그러나 난 지금 귀찮아.'라는 식으로 하면 안 되겠지요? 접속사는 한 번 쓰고 나서 부정적인 생각이 들기 전까지는 계속 생각을 펼쳐나가야 해요. 부정적 생각이 들면 그때 접속사 주문을 또 쓰고요.

'난 지금 귀찮아. 하지만 포스트잇 한 장 쓰고 붙이면 개운할 거야. 계속 안 해서 숙제 밀린 기분으로 찝찝해하는 것보다는 나아.'

처음부터 이렇게 생각하기는 어렵더라도, 일단 접속사만 던져 보세요. 부정적인 생각이 그랬던 것처럼 긍정적인 생각도 자동으로 또 따라올 테니까요.

보너스 팁 하나 더.

"코끼리를 생각하지 마!"

이 말을 들으면 뭐부터 떠오르세요? 코끼리부터 떠오르시죠?

"부정적인 생각을 하지 마!"

이러면 뭐부터 떠오를까요? 부정적인 생각부터 떠오르기 쉽습니다. 그러니 아예 부정적인 생각이 떠오르지 않게 다른 것에 집중하는 게 좋아요.

다양한 OTT에서는 각종 영화와 드라마 등을 제공하고 있어요. 그러니 부정적 생각이 좀 든다 싶을 때는 밝은 내용의 영상을 찾아서 보는 게 좋아요. 감정 이입하기 좋은 소설이나 만화를 봐도 좋아요.

가장 좋은 것은 유머가 많은 코미디 영상이에요. 짧거나 길거나 상관없어요. 뇌에서 긍정적 호르몬들이 나올 수 있는 유머면 돼요. 세상에는 많은 유머 영상이 있어요. 조금이라도 웃을 수 있는 것을 찾아서 보시면 알고리즘에 의해 새롭게 더 웃긴 것을 추천해 줄 거예요.

미루지 맙시다!

문제 해결 출발점에서 주저하게 만드는 게 있을 거예요. 자신이 불안한가, 우울한가, 무기력한가 확실하지 않아서 2부에 있는 방법을 그냥 쓰는 게 맞는지 확신이 없어 주저하는 점도 있을 거예요.

그런데 1부에서 다뤘던 것처럼 불안, 우울감, 무기력은 서로 겹치는 면이 많아요. 어떤 병이 있을 때 다른 병도 함께 있을 확률을 공병률이라고 해요. 심리학자 티머시 브라운Thimothy A. Brown과 데이비드 바로우David H. Barlow는 우울증과 불안 장애의 평생 공병률을 약 75%로 추정했어요. 그리고 우울증을 겪는 사람은 긍정적인 성취를 하기 힘들어 무기력에 쉽게 빠지니, 역시 공병률이 높을 수밖에 없어요. 부정적인 마음의 세 가지 모습이라고 할 수 있을 정도입니다.

자기가 능력이 부족하다는 믿음은 불안을 더 키우고, 우울증에 빠지게 하고, 무기력을 만들어요. 불안해서 우울해지기도 하고, 우울해서 앞으로의 미래가 불안해지기도 하고, 무기력해서 우울해지기도 하는 등 부정적인 마음으로 서로 연결되어 있어요.

세 개가 연결되어 대표적으로 나타나는 증상이 무엇일까요? 바로 미루기예요. 무언가 시작해서 결과가 어떻게 될까 불안해서 일단 미뤄요. 우울증 때문에 정신 기능이 떨어져서 일을 미루기도 하고, 무기력 때문에 일을 시작하지 못해 미루기도 해요. 무엇이 되었든 미뤘을 때의 손실과 미루지 않았을 때의 이득을 꼼꼼하게 생각하지 않고, 현재의 감정에만 집중하는 게 공통점입니다. 바로 불안, 우울감, 무기력!

물론 현재의 불편한 감정은 누구나 피하고 싶어 해요. 하지만 미루는 사람은 이 불편한 감정을 크게 느끼고, 크게 생각해요. 그래서 결국 어떤 일이 되었든 그 내용의 문제가 아니라, 불편한 감정을 느끼게 하면 다 미루게 돼요.

미루는 가장 큰 이유는 불안이에요. 명확하게 말하자면 '실패에 대한 두려움'이죠. 하지만 그 마음속에 더 깊이 들어가면 그 두려움을 만드는 게 우울감일 수도 있어요. 무기력 때문일 수도 있고요. 또 더 깊이 들어가면 자기에 대한 부정적 믿음 때문일 수도 있고요. 혹은 완벽주의에 빠져서 '완벽한 조건이 갖춰지면 해야겠다'라는 생각이 있어서일 수도 있어요.

제가 방금 했던 말에서 부정적 믿음, 완벽주의 등 핵심 단어에 주목해 주세요. 불안, 우울감, 무기력을 만드는 마음에서 다 뤘던 거지요? 미루기라는 일반적인 습관 속에도 부정적인 마음의 요소가 많이 숨어 있어요. 그래서 아주 심각하지는 않아도 예방과 치료를 위해서 이런 부정적인 마음에서 멀어지는 방법을 실행해야 해요.

자신이 불안한가? 우울한가? 무기력한가? 정확히 알고 싶을 수 있어요. 하지만 이미 살펴본 것처럼 서로 밀접하게 연관되어 있어서, 세 가지 부정적인 마음을 다 갖고 있다고 해도 너무 걱정하지 않아도 돼요. 원래 그렇게 나오기 쉬운 마음들이니까요.

그래도 정말 얼마나 다르고 비슷한 부분은 무엇인지 확인하고 싶은 독자를 위해 한번 정리해 볼게요. 불안은 소화 장애, 가슴 두근거림, 호흡 곤란, 예민함, 근육의 긴장, 조절되지 않는 걱정, 타인의 시선에 대한 과민함, 집중력 저하, 완벽주의적 생각이에요. 수면 장애, 피로감도 있어요.

우울감의 증상은 흥미 감소, 식욕과 체중 감소 또는 증가, 생각과 행동의 느려짐, 무가치감, 집중력 저하, 자살 욕구예요. 불안과 초조, 무기력감, 수면 장애, 피로감도 있고요.

무기력의 증상은 수동성, 자기 패배적 생각, 낮은 면역력으로 질병에 쉽게 걸려요. 그리고 무가치감, 흥미 감소, 피로감, 과민함, 식욕과 체중의 감소 또는 증가도 있어요.

증상만 겹치는 게 아니라, 처방도 겹쳐요. 아주 심각한 불안, 아주 심각한 우울증, 아주 심각한 무기력이라면 각각 필요한 처방이 더 있어요. 하지만 대부분은 처방이 겹쳐요. 2부에서는 그 처방을 나누도록 하겠습니다.

굳이 나누자면, 왜곡된 생각을 변화시키는 인지 행동 치료는 우울증에 효과가 커요. 불안과 무기력에 소용이 없다가 아니라, 우울증을 제대로 치료하려면 인지 행동 치료가 더 중요하다는 거예요. 왜냐하면 자기가 결국 실패할 것이라는 비합리적인 역기능적 신념이 우울증을 심각하게 만드는데, 인지 행동 치료가 그 역기능적 신념을 바꾸게 하니까요.

불안은 스트레스에 대한 예민함을 낮추도록 호흡법이나 긴장을 완화하는 이완법과 같이 신체적인 상태를 바꾸는 방법이 더 효과적이에요. 이때도 인지 행동 치료가 소용없다는 게 아니라, 이완법과 호흡법이 초기에 더 효과가 나타난다는 뜻이에요. 결국 더 좋은 결과를 얻으려면 왜곡된 생각을 변화시켜야만 해요.

무기력은 어떤 행동을 했을 때 성취감을 느낄 수 있게 보상을 주는 행동 활성화behavioral activation 방법이 더 효과적이에요. 무기력한 몸을 일단 움직이게 하려면 신체적인 호흡법과 이완법이 필요하답니다. 이렇게 세 가지 부정적인 마음은 원인과 증상이 서로 연결되어 있듯이, 해결 방법도 서로 연결되어 있어요. 그래서 굳이 자신이 어느 부정적인 마음에 더 사로잡혀 있는지 너무 고민하느라 에너지를 낭비할 필요는 없어요. 긍정적인 상태로 바꾸는 실행에 에너지를 집중하는 게 더 좋아요. 고통의 실체를 정확히 파악하는 노력은 전문가에게 맡기고, 변화를 위한 노력을 더 많이 해 주세요.

5. 생각 게임을 하자!

_ 자기 패배적 신념 바꾸기

나는 자기 패배적 신념에 사로잡혀 있나?

① 내 마음 확인하기

다음 각 문장을 읽고, 지난 한 주 동안 얼마나 자주 이러한 생각들이 떠올랐는지 답해 주세요. 한 번도 없으면 0, 한 번이면 1, 두 번이면 2, 세 번이면 3, 네 번 이상이면 4입니다.

1. 나는 틀림없이 무언가 잘못되어 있다.	
2. 나는 쓸모없는 사람이다.	
3. 나는 인생의 실패자다.	
4. 나는 결코 성공하지 못할 것이다.	
5. 나는 너무 나약하다.	
6. 나는 가치 없는 인간이다.	
7. 나에 대해 매우 실망하고 있다.	
8. 나는 무기력하다.	
9. 내 인생은 엉망진창이다.	
10. 나 자신을 싫어한다.	

② 채점 방법 및 결과 해석

각 문항에 답한 숫자를 모두 합하면, 총점이 0점에서 40점까지
입니다.

0~12점 완전 긍정적이거나 부정적이지도 않게 적당하게 자기
에 대한 신념을 가진 상태.

13~25점 자기에 대해서 부정적 신념이 좀 있어서 고통을 약간
받을 수 있는 상태.

26점 이상 자기에 대한 부정적 신념이 강해서 우울감, 불안, 무
기력으로 고통받을 확률이 아주 큰 상태.

다를 수도 있지 않을까? _ 당위성에서 벗어나기

사람들이 일상생활에서 정신적으로 어려움을 겪는 이유는 앞서
살펴본 것처럼 다양한 비합리적인 신념 때문입니다. 비합리적인 신
념을 많이, 더 확고하게 가졌을수록 사회에 적응하거나 개인 생활
을 잘 꾸려 나가기 힘듭니다. 이 많은 신념 중 가장 크게 피해를
주는 것은 바로 자기 패배적 신념입니다.

자신을 괴롭히는 세상에 대한 적대감도 행복한 삶을 방해합니

다. 하지만 삶을 살아가는 주체인 자기에 대한 부정적 신념은 마음의 중심부터 흔들어 더 심각한 영향을 줍니다. 정서적으로 안정되지 못하고, 혼란스러워 자신에게 도움이 되지 않는 행동을 하고, 또 자기를 탓하고, 정서적으로 흔들리고, 더 왜곡된 행동을 하는 악순환을 만드니까요. 자기 패배적 신념을 갖게 되면 환경이 다른 어딘가로 떠난다고 문제가 나아지지 않아요. 중심인 자기는 그대로니까요.

자기 패배적 신념은 세 가지 당위성에 생각이 머물면서 생깁니다. 그 세 가지 당위성은 무엇일까요?

첫 번째는 자신에 대한 당위성입니다.

이 당위성은 자기는 당연히 어떤 사람이어야만 하고, 어떤 행동을 해야만 한다는 기대입니다. 예를 들어 '나는 실패하면 안 된다', '나는 실수하면 안 된다', '나는 항상 잘해야 한다', '나는 훌륭한 사람이어야 한다'와 같은 믿음입니다. 이런 믿음은 좋은 것을 이야기하지만, 사실 결과는 그리 긍정적이지 않습니다. 이 믿음대로 살기엔 너무 힘든 게 현실이니까요. 현실에서 이 믿음과 다른 일이 벌어졌을 때 자신은 실패했다고 생각합니다. 그런 생각이 쌓이고 쌓여 자기 패배 신념이 만들어집니다.

두 번째는 타인에 대한 당위성입니다.

이 당위성은 가족과 친구, 선생님 등 주변 사람들이 당연히 그런 모습을 보여 줘야 한다는 기대입니다. 예를 들어, '다른 사람들은 내게 항상 친절하고 잘해야 한다', '부모니까 항상 나를 사랑해야 한다', '선생님이니까 항상 나를 배려해야 한다', '같은 반 친구니까 나에게 많은 관심을 가져야 한다', '후배니까 내 말을 들어야 한다' 등입니다. 하지만 현실에서는 이 기대가 늘 충족되기 힘듭니다. 다른 사람들이 피곤해서 무덤덤하게 반응할 수도 있고, 부모님도 자녀를 혼낼 때는 매서운 말도 하는 등 이 당위성과 다른 모습을 접하게 되면 어떨까요? 배신감이 들겠지요? 믿음은 자기 혼자 상상으로 만들어 갖고 있었던 것인데, 상대가 그 믿음을 짓밟았다며 상대를 미워하게 됩니다. 그런데 그 미움을 다 표현하는 것은 현실적으로 힘듭니다. 그 상대에게 짜증 내고 말을 할 수도 있지만, 상대가 그 당위적 믿음에 맞게 항상 행동을 바꾸지는 않으니 갈등이 생기고 결국 심리적으로 멀어집니다. 그러면 혼자 남은 자기를 공격합니다. 이런 상황에서도 속 시원하게 남들을 변화시키지 못하는 자기가 가치가 없다거나 매력이 부족하거나 능력이 없다고 생각합니다.

세 번째는 조건에 대한 당위성입니다.

'학교는 시설이 좋아야 한다', '나의 방은 아늑해야 한다', '내가 사는 동네는 깨끗해야 한다', '나에게 주어지는 일은 쉽고 재미있어야 한다', '내가 보는 시험 문제는 내가 공부한 데에서 나와야 한다'

와 같이 자신이 살아가는 조건이 반드시 어떠해야 한다는 기대입니다. 이런 조건에서 살기를 바랄 수는 있습니다. 하지만 이런 이상적인 조건이 현실에 있기 힘들다는 것을 알고 합리적으로 판단할 수도 있어야 합니다. 하지만 이런 비현실적인 조건을 당위적으로 있어야만 한다고 생각하면 어떨까요? 현실에 분노하거나 필요 이상으로 예민하게 반응하게 됩니다.

세상을 부정적으로 보게 되고, 그런 조건에서 살아야 하는 자기 자신도 부정적으로 보게 됩니다. 그렇게 자기 패배적 신념이 쌓입니다.

세 가지 당위성이 어떤 영향을 주는지 알아보기 위해 앞서 든 예 중 하나를 더 자세히 살펴볼까요? 시험 문제가 자기가 공부하지 않은 부분에서 나왔다면 어떻게 해야 할까요? 다음에 그런 부분까지 확인해서 대비책을 세우는 게 합리적 선택이겠지요?

하지만 당위성에 더 많이 의지한다면 어떨까요? 자기가 공부한 부분에서 내지 않은 출제자를 욕하게 됩니다. 자기가 노력할 부분을 찾는 대신에 말이지요. 공부해도 자기가 공부하지 않은 부분에서 문제가 또 나올 것이라며 시험출제자 탓을 한다면요? 제대로 대응하지 못합니다. 그리고 어차피 문제를 다 맞힐 수 없다며 공부하지 않는다면 다음 시험에서도 자신의 당위적 기대에 맞는 결과를 얻지 못하겠지요. 공부한 부분이 적으니 더 많이 실패하겠지요.

그러면 '나는 제대로 된 방법으로 시험공부를 하는 노력을 덜 했어.'가 아니라, '나는 운이 나쁜 애야.'라고 일반화해서 자기 운명까지 탓합니다. 자기를 운명의 실패자라고 생각하는 자기 패배적 신념을 더 강화합니다.

어떻게 아느냐고요? 저도 학생 때 그랬거든요. 성적이 나빴을 때는 물론이고, 성적이 제법 잘 나와 학교에서 최고 수준의 성적을 받았을 때도 그 정도는 더 심해졌어요. 이 정도로 공부를 하는 내가 풀어 본 유형의 문제가 시험에 나와야 당연히 정상이라고 생각했어요. 제가 학습클리닉과 우울증 치료를 위해 만났던 학생들도 마찬가지였습니다. 이런 당위성에서 벗어나지 못하면 성적이 좋든 말든 내면이 건강하기 힘듭니다.

공격-방어 게임을 하듯이 _ 해법 5단계 작동하기

제 경우에는 현실 도피를 위해 고등학교 3학년 때 엄청 심하게 방황했어요. 제 상담소를 찾았던 학생들은 공부하지 않는 무기력에 빠졌고요. 무기력이 오래되어 우울증에 빠져서, 저는 그 학생에게 공부 방법을 알려 주는 학습 클리닉을 운영하기도 했습니다. 겉으로 보면 과외 같았지만 내용은 비합리적 신념, 그중에서도 주로 자기 패배 신념을 박살 내는 일을 했습니다.

공부하지 않은 부분에서도 문제가 나오고, 그게 오히려 더 재미있는 도전과 이어져 결국 성적이 더 나아지는 경험을 제공하자 정신 건강도 아주 좋아졌습니다. 실패에 집중하는 게 아니라, 출제자와 일종의 숨바꼭질하듯이 공격-방어 게임을 한다고 생각하도록 했습니다. 숨바꼭질하면서 왜 내가 빤히 보이는데 숨지 않았냐고 화를 내는 것은 말이 안 된다는 것쯤은 그 학생도 알고 있었으니까요. 혹시라도 여러분이 가진 비합리적 신념이 있다면 상황을 바꿔서 이해하는 것도 좋아요.

공부 문제뿐만 아니라 일상생활의 문제에 대해 당위성과 비합리적 신념을 가진 경우에는 다음과 같은 방법을 썼습니다. 앞서 소개한 방법과 겹치는 것도 있지만 모아서 소개할게요.

첫 번째, 명백한 근거 제시하기입니다.

이미 익숙하지요? 여기에 한 가지 더 유용한 방법을 덧붙이겠습니다. 일종의 탐정이 되어서 숨겨진 단서를 찾는다고 생각하기. 이게 핵심 치트 키입니다. 예전에 자신이 무심코 넘겼던 것, 아직 들춰 보지 않았던 것은 무엇인지 새로운 눈으로 보기 위해 노력하는 과정을 '탐정'이라는 역할 놀이가 더 재미있게 해 줄 수 있습니다. 굳이 탐정 옷까지 입으며 코스튬 플레이까지 할 필요는 없어요.

두 번째, 대안 찾기입니다.

근거를 잘 찾아서 비합리적 신념을 바꿀 수도 있지만, 만약 근거를 잘 못 찾겠다면 완전히 다른 가능성과 관련된 대안을 찾아보세요. 예를 들어 자기가 공부한 것에서 시험 문제가 출제되어야 한다는 신념을 가졌다면? 시험 문제가 출제되기를 바라는 게 그냥 나왔나 안 나왔나를 확인하거나, 구경하자는 게 아니지요? 맞혀서 성적이 더 높아지고 싶어서잖아요. 그런데 공부한 부분에서 문제가 나와도 몸이 피곤해서 집중하지 못해 맞히지 못할 수도 있지요? 아는 문제라 너무 반가운 나머지 흥분해서 "해당하지 않는 것"을 골라야 하는데, "해당하는 것"을 냉큼 골라 틀릴 수도 있고요. 자기가 공부했어도 다 기억하는 것은 아니니, 분명 공부한 범위에서 다 출제되었는데도 다른 곳에서 나왔다며 배신감을 느낄 수도 있어요. 이렇게 비합리적 신념을 조금이라도 허물 다른 가능성을 찾는 거예요.

세 번째, 실천 계획 세우기입니다.

이 방법은 자신의 과거, 주변 상황, 내부에 숨은 문제 해결 단서 등에 에너지를 쓰는 게 아닙니다. 지금보다 더 나쁜 상황을 피하고자, 지금보다 더 좋은 상황을 만들기 위해 지금 당장 할 일을 계획하고 구체적으로 실행하는데 에너지를 집중하는 방법입니다. 조금만 더 좋아지는 게 무슨 소용이 있냐고요? 이왕 하는 것 최고의 계획을 완벽하게 실행해야만 한다는 게 바로 불안, 우울감, 무기력을 만드는 완벽주의, 자기에 대한 당위성이었던 것 기억하시지요? 지금보다 조금 덜 나쁘고, 조금 더 좋아지는 것은 시간이 갈수록 놀라운 변화를 만들어 냅니다.

여러분을 괴롭히는 어떤 문제에 대해서 두 달 안에 2% 정도만 나아지겠다고, 계획을 세우고 실행해 보세요. 2%를 달성하지 못했다면 그 이유도 잘 분석해서 더 나아질 방법을 찾아보고요. 이런 식으로 1년을 보내면 24%. 아무리 바닥부터 시작한다고 해도 5년이면 100%에 가까워진답니다. 한 번에 100%로 가는 완벽한 계획을 찾으려 하지 마세요. 2%씩 나아지는 퀵 윈의 재미를 느끼는 길을 선택해 보세요.

네 번째는 긍정적인 혼잣말하기입니다.

자기 패배적 신념이 여러 부정적인 마음의 원흉이 될 수 있다고 앞서 말했지요? 그 원흉이 출몰할 기회 자체를 줄이면 더 좋지 않을까요?

접속사 주문을 쓰며 대처한다고 해도 일단 자기 패배적 신념을 자주 떠올리는 것은 기 빨리는 일입니다. 차라리 자기에 대해서 긍정적인 말을 자주 하는 건 어떨까요? 실수한 다음에 "으이그, 똥멍청이! 또 실수할 줄 알았어."라고 하기보다는 "인간은 누구나 실수할 수 있어. 아주 똑똑한 사람도 실수해."라고 자신에게 말해 주는 거예요. 좀 더 긍정의 힘이 강해지면 실수 후 흥분해서 감정에 휘둘리는 게 아니라 다음과 같은 생각도 차분하게 할 수 있어요.

'실수했느냐 안 했느냐보다 실수를 통해 무엇을 배웠느냐가 더 중요해. 실수한 이유를 찾고, 다음에 똑같은 실수를 하지 않을 방법을 찾자.'

혼잣말하는 게 힘들 수 있어요. 그럴 때는 일종의 역할극을 한다고 생각해 보세요. 여러분이 꼭 잘해 주고 싶은 친구에게 해 준다는 마음으로 말을 걸어 보는 거예요. 사실 세상에서 가장 잘해 줘야 하는 친구가 자기 자신인 것도 맞으니까요.

친구로 말을 거는 게 어색하다면, 여러분의 멘토에게 듣고 싶은 말들을 떠올려 보세요. 혹은 영화나 책, 드라마 등에서 봤던 격려하는 장면을 떠올려도 좋아요. 그러면 이런 말도 할 수 있을 거예요.

"실수해도 난 네가 또 도전할 용기가 있는 사람인 것을 알아."

눈치챘나요? 긍정적인 혼잣말은 너무도 당연하게 긍정적인 내용으로 되어 있어요. 명대사를 날리려 노력할 필요 없어요. 심금을 울릴 단어를 쥐어 짜내기보다는 일단 부정적인 생각을 멈추게 할 긍정적인 단어를 생각해서 자신에게 이야기하는 게 중요해요. 기존에 가졌던 자기 패배적 신념에 쓰인 단어와 반대되는 단어를 찾는 것도 도움이 돼요. "멍청이"라는 단어가 있다면 "똑똑한 사람"을 찾는 식으로요. 바뀐 문장에 나오는 핵심 개념과 자신이 그런 개념과 어떻게 관련되는지를 밝히는 식으로 말하는 게 핵심이에요. 아, 이렇게 말하니 너무 어려운 것 같네요. 예를 들어볼게요.

나는 단점투성이야.

⇨ 물론 나에게는 단점이 있어. 하지만 단점투성이라고 할 정도로 장점이 전혀 없는 건 아니야. 장점이 부족하다고 해서 없는 것이 아니야. 단점이 있다고 해서 단점으로 넘쳐나는 것도 아니고. 단점이 있어도 장점이 더 많이 보일 수 있도록 노력하자.

이렇게 아예 첫 단어인 '나'를 반대로 바꿀 수도 있어요.

⇨ 다른 사람들도 단점이 있어. 나만 단점이 있는 게 아니야. 그렇다고 그 사람들이 모두 단점투성이는 아니잖아. 내가 모르는 단점을 그 사람이 더 갖고 있을 수는 있어. 하지만 저마다 잘 살아가고 있으니 단점이 좀 있다고 해도 별문제가 없을 거야.

마지막, 다섯 번째는 느낌, 해석, 사실을 구분하기입니다.

이 방법은 가장 난도가 높아서 전문가의 도움이 필요합니다. '친구에게 전화를 걸었는데 받지 않았다'는 상황을 예로 들어 보겠습니다. 문장 내용 자체가 사실입니다. 하지만 느낌은 어떤가요? 자기 패배적 신념이 있으면, 상대에게 무시당했거나 버림받은 느낌이 들니다. 그리고 상대가 자기를 싫어하거나 존중하지 않는다고 해석합니다.

어떤 것을 중심으로 생각해야 할까요? 느낌과 해석이 머리를 채우면 비합리적인 신념이 더 강해지고, 비합리적인 행동을 하기 쉽습니다. 사실을 중심으로 생각해야 합니다. 전화를 걸었는데 받지 않았다는 사실만 확인해야 합니다. 그 사실을 통해 친구가 전화를 받지 못할 정도로 바빴을 가능성도 생각할 수 있습니다. 이건 또 다르게 추측한 사실입니다. 실제로 사실일 수도 있지만, 친구가 다른 친구와 이야기를 나누느라 전화를 받지 않았다는 말을 나중에 들으면 또 배신감이 들 수도 있으니 내가 확인할 수 있는 사실만 확인하고, 더 부정적인 느낌이나 해석으로 마음이 옮겨가지 않도록 해야 합니다.

다섯 번째 편지

부정적인 마음에
만만한 별명을 붙여 봅시다

지금 기분이 어떠세요? 좀 힘드시죠?

힘들면 힘들다고 해도 돼요. 여러분은 방금 커다란 산을 넘었어요. 앞길을 가로막았던 거대한 산과 같았던 신념을 넘었으니 힘든 게 당연해요. 잠시 숨을 고르며 눈을 감았다가 다시 이 책을 보세요.

이제는 힘든 것에 집중하는 게 아니라, 앞에 펼쳐진 새로운 풍경을 볼 차례예요. 그리고 새로운 일상으로 발걸음을 옮겨 보아요. 그러기 전에 드릴 말씀이 있어요.

사람을 움직이게 하는 바탕인 힘을 심리학에서는 '동기'라고 해요. 심리학자들은 동기를 크게 두 개로 나눠요. 첫 번째, 어떤 긍정적 목표를 향해 나아가는 접근 동기. 둘째 어떤 부정적 목표를 피하고자 하는 회피 동기.

여러분은 어떤 동기가 더 좋다고 생각하세요? 이렇게 물어보면 정해진 답이 있는 것 같죠? 하지만 사람의 특성과 각자 처한 상황에 따라서 효과가 좋은 동기가 달라질 수 있어요. 예를 들어 성격이 급하거나, 긴급하게 일을 처리해야 하는 상황이라면 눈앞에서 벌어질 나쁜 일을 피하려는 회피 동기가 더 적절할 수 있습니다.

그럼에도 불구하고 대부분은 접근 동기가 더 좋아요. 왜냐하면 자기 삶에서 부정적인 것만 피하면 마이너스를 영으로 만들 수는 있어요. 영까지 갈 수는 있지만, 플러스를 만드는 것은 전혀 다른 이야기랍니다.

운동 시합에서 지지만 말자고 하면서 쓰는 무승부 전략과 꼭 이겨야겠다고 쓰는 필승 전략은 전혀 다르겠지요? 혼나지 않기 위해서 공부하는 것과 자신의 꿈을 이루기 위해서 공부하는 것은 과정도 결과도 전혀 다르겠지요? 멋진 요리사가 되려고 실력 있는 셰프 밑에서 열심히 그릇을 닦으며 일하는 사람과, 셰프에게 혼나지 않으려고 열심히 그릇을 닦는 사람은 현재 스트레스를 해결하는 과정과 미래에 얻게 되는 성과가 전혀 다를 거예요.

부정적인 마음은 분명히 피하고 싶은 마음입니다. 하지만, 이 순간에만 잠깐 피하고 말자는 전략을 쓰면 다음에 다른 장애물에서 또 부정적인 마음 때문에 고통받을 수 있어요. 부정적인 마음에서 벗어나는 것만 아니라, 긍정적인 마음을 만들겠다는 접근 동기가 필요해요. 다시 말해 긍정적인 요소로 마음을 가득 채워 부정적인 마음이 들어올 틈을 결과적으로 없애는 거예요. 목표의 방향이 달라요. 저는 여러분에게 부정적 마음 없애기보다 긍정적 마음 갖기를 목표로 삼기를 추천해요.

삶은 계속되고, 세상에는 장애물도 많아요. 살면서 장애물을 만날 때마다 일단 피하고 보자는 식으로 행동하면 방향을 틀었을 때 또 다른 장애물을 만날 수도 있어요. 자갈밭에서 운전대 방향을 튼다고 갑자기 아스팔트가 나타나지는 않는 법이니까요. 차라리 자갈밭을 더 쉽고 안전하게 지나가는 기술을 연마하는 게 현명한 일이겠지요? 그리고 그게 빨리 부정적인 마음에서 벗어나는 길이기도 합니다. 우리 지름길이면서 더 현명한 길을 함께 가요.

그 지름길을 더 편하게 갈 방법을 특별히 말씀해 드릴게요.

부정적인 마음이 산사태처럼 갑자기 가는 길을 막아설까 봐 걱정될 수 있어요. 해결 방법을 알아도 마법처럼 바로 순식간에 모든 게 변하는 건 아니니까요. 예전처럼 부정적인 마음에 압도되어 새로운 길을 가지 못할 것 같아 걱정할 수도 있어요. 그럴 때 딱 좋은 방법이 있어요.

첫째, 부정적인 감정에 별명을 붙이는 거예요. 웬 별명이냐고요?

우리는 1부 내용을 통해서 불안, 우울감, 무력감의 실체를 알았어요. 이성적으로 아는 수준뿐만 아니라, 얼마나 무섭고 힘든지도 직접 겪어 본 적이 있거나 심리학적 설명을 통해 감정적으로도 잘 느꼈을 거예요.

생각하거나 느끼기만 해도 부정적인 영향력이 큰 부정적인 마음. 그 마음이 우리를 짓누르게 그대로 놔두면 안 되겠죠?

그래서 이름부터 만만하게 바꾸는 게 좋아요. 불안, 우울감, 무기력이라는 무거운 이름 말고, 각각 덜덜이, 축축이, 가마니 식으로요.

별명이 재미없다고요? 그러면 여러분이 더 재미있는 별명을 붙여 주세요. 중요한 것은 불안, 우울감, 무기력과 같이 무거운 생각과 느낌이 떠오르지 않게 하는 거예요. 그러면 부정적인 마음이 생겨도 예전처럼 영향력을 미칠 수가 없어요.

둘째, 부정적인 마음을 머릿속에 그려 보세요. 무서운 괴물처럼 그리는 게 아니라, 만만하고 우스꽝스러운 놈으로 만들어 보세요. 그 부정적인 마음이 여러분에게 하는 말이 마치 헬륨 풍선을 들이마시고 내는 목소리로 나오거나, 아이가 억지를 부릴 때 아양을 떨면서 하는 목소리로 바꿔 보는 거예요.

예전에 부정적인 마음은 심각한 역기능적 신념들을 진지한 목소리로 말해서 큰 영향을 줬어요. 하지만 만만하고 우스꽝스러운 목소리라면 그냥 듣고 "으이그, 애쓴다."라면서 무시하기 쉬워요. 지금 당장 이 책에서 다룬 역기능적 신념과 자기 패배 신념 검사 문항을 우스꽝스러운 캐릭터의 목소리로 바꾸는 상상을 하면서 읽어 보세요. 느낌이 완전히 다를 거예요.

너무 엉뚱해 보이나요? 하지만 확실히 효과가 있어요. 그냥 읽고 보고 멈추는 것과는 달라요. 직접 해 보면 효과를 체험할 수 있어요. 이 책에 있는 모든 방법이 그래요. 꼭 실행해 보세요. 분명 더 나은 삶을 누릴 수 있을 거예요.

참고로, 별명 붙이기와 캐릭터 떠올리기, 목소리 바꾸기 등의 방법은 미국의 인지 심리학자 마이클 얍코Michael Yapko가 써서 그 효과가 입증되었어요. 데이비드 번즈David D. Burns 등 저명한 정신과 의사들이 강력히 추천하는 방법이기도 하답니다.

6. 꼼지락 꼼지락, 운동 시작!

_ 몸 상태를 바꿔서 부정적 마음 바꾸기

서로 영향을 주고받는 몸과 마음
_ 몸 상태를 좋게 바꾸는 식습관, 수면, 운동

마음을 바꾸는데 웬 몸 이야기냐고요? 맞아요. 우리는 각자 자신의 마음을 더 좋게 바꾸고 싶어 하고, 그 방법을 찾습니다. 그런데 '자신自身'이라는 낱말 안에 이미 '몸 신身' 자가 있다는 사실은 깜박 잊어요. 심리학에서는 몸을 떠난 마음이라는 게 애초에 불가능하다고 생각해요.

부정적 마음도 추상적인 수준에서 멈추지 않고 구체적인 신체 증상으로 나타납니다. 이유는 마음이 만들어지는 곳이 뇌고, 뇌는 몸을 종합적으로 관리하는 중앙통제센터와 같아 결국 연결되기 때문입니다.

그런데 뇌와 마음과 몸이 한쪽 방향으로만 영향을 미치는 것은 아닙니다. 마음이 좋아지면 몸도 가벼워지고, 몸이 좋아지면 마음도 편해집니다. 피곤하면 짜증이 쉽게 나기도 하고, 몸에 활기가 넘치면 웬만한 스트레스 거리도 참아 냅니다. 몸과 마음은 쌍방향으로 서로 영향을 주고받습니다. 그래서 마음을 치료할 때 몸을 바꾸는 것도 효과가 있습니다. 이 책에서는 마음을 변화시키기 위해 몸을 바꾸는 가장 좋은 방법 세 가지를 추천합니다.

첫 번째, 식습관 개선입니다. 우울증과 무기력 증상에서 식욕이 너무 증가하거나 감소하는 신체 증상을 소개했지요? 감정에 휘둘리는 상태로 과식하거나 아예 먹지 않아서 그렇습니다. 불안하면 피하고 싶은 마음에 가슴이 콩닥콩닥 뛰고 몸이 긴장해 심장과 근육으로 피가 몰리면서 위와 장 등의 기관에 피가 부족해지면서 제대로 소화가 안 됩니다. 그래서 불안, 우울감, 무기력이 심하면 뇌와 장기에 정상적인 기능을 할 수 있는 좋은 영양분이 적당하게 공급되지 않습니다. 뇌가 감정을 잘 처리할 수 있도록 음식을 너무 과하지도 너무 적지도 않게 잘 먹는 것이 중요합니다.

이미 예민하고 힘든데 어떻게 좋은 식습관을 가질까 걱정될 수 있습니다. 그래서 리셋 버튼을 누른다는 생각으로 식단을 짜거나, 가족이나 친구에게 부탁해야 합니다. 아예 피트니스 센터와 같이 지도해 줄 곳을 찾아서 관리받아도 좋습니다. 전문 도서나 인터넷에서 건강한 식단을 찾아서 규칙적인 식사를 하려고 노력해야 합니다. 구체적인 음식 메뉴까지 통제하려고 하면 너무 힘드니, 영양분이 한쪽으로 치우치지 않게 신경만 쓰면 됩니다.

건강에 좋은 식단은 살을 빼는 게 목적이 아닙니다. 혈액 안에 포도당을 적당한 수준으로 유지해서 기분이 좋아지고 기운 나게 하는 게 핵심이죠. 그러면 머리가 맑아지는 느낌이 듭니다.

두 번째, 수면 습관 바꾸기입니다. 식습관 바꾸기만으로는 한계가 있습니다. 잠을 잘 자지 못하면 그렌린이라는 호르몬이 식욕을 자극해서 과식하게 만드니까요.

　잠을 잘 자고 나면 몸과 마음이 모두 개운하죠? 숙면이 뇌의 기능을 좋게 만들고 기분이 좋아지는 호르몬이 잘 분비되게 해 줘서 그래요. 반대로 계속 잠을 잘 자지 못하면 부정적인 마음이 커질 뿐만 아니라, 면역력이 떨어져 각종 질병에 걸리기 쉬워요.

　일단 잠은 소음, 너무 밝은 불빛, 불편한 방 온도 같은 환경에 영향을 받아요. 그러니 주변 환경이 잠을 잘 잘 수 있게 해 주는 조건인지 먼저 확인해 보세요. 너무 조용해서 문제면 유튜브에 있는 백색소음이나 마음을 안정시키는 물소리 등의 영상을 이용해도 됩니다. 중간에 깜짝 놀라게 광고가 뜨거나, 가사가 있는 노래는 생각을 계속하게 되니 피하고요.

　환경을 바꿨는데도 별 변화가 없다면 운동하고 따뜻한 물로 목욕해서 몸을 약간 노곤하게 한 뒤, 잠이 들게 해 보세요. 수면 시간을 매일, 주말에도 똑같이 유지해야 몸이 같은 생활 리듬에 적응해요. 그러니 밤에 잠을 제대로 못 잤더라도 같은 시간에 일어나 잠자리를 떠나는 습관을 들여야 해요. 특별히 피곤하게 일한 경우가 아니라면, 낮잠을 자지 않아야 밤에 숙면할 수 있어요.

　잠들기 전에 스마트폰을 하거나, 오감을 자극하는 활동을 하면 뇌와 몸이 각성해 잠을 이루기 힘들어요. 그러니 잠들기 30분 전에는 마음을 편안하게 하는 가벼운 활동만 하고 잠자리에 들어야 해요. 잠자리에 든 다음에는 시계를 보지 말고요. 빨리 자야 하는데 못 잔다고 조바심을 내면 잠이 더 안 들거든요. 하지만 한참 지나도 잠이 들지 않는다면, 일단 잠자리를 떠나요. 몸과 마음을 초기화한다고 생각하고 다시 음악을 듣거나 마음을 다독여 주는 책을 읽는 등 가벼운 활동을 한 다음에 다시 잠자리로 와요. 그리고 긴장 이완 훈련과 호흡법을 더 천천히 해 보세요.

이렇게 몸 상태를 조절해 잠을 더 잘 수 있게 했는데도 효과가 없다면 전문가의 상담을 받거나 약을 처방받아야 합니다. 전문가를 찾을 때는 언제 어떻게 잠에 들었다가 깼는지 미리 적어서 만나면 더 좋아요. 그래야 정확한 진단과 처방을 받을 수 있으니까요.

사람들은 대부분 자신의 수면 시간을 실제보다 더 적게 생각하는 경향이 있어요. 그래서 걱정했던 것만큼 심각하지 않은 경우가 많은데, 순간순간 떠오르는 대로 말하다 보면 과도한 처방에 몸이 오히려 더 처질 수도 있어요.

세 번째는 운동입니다. 먹고 나서 가만히 있으면 다시 적당한 식욕이 나지도, 잠을 잘 자기도 힘듭니다. 그래서 적당히 운동하는 것이 좋습니다. 다른 친구들과 하는 운동도 좋지만, 혼자서 일정을 관리할 수 있는 운동이 더 좋습니다. 친구들의 사정으로 운동을 못하게 될 수도 있으니까요.

운동을 하면 새로운 뇌세포의 성장을 촉진하는 '뇌유래신경영양인자BDNF'라는 뇌의 화학 물질이 증가합니다. 새로운 뇌가 새로운 마음과 새로운 몸 상태를 만드는 거죠. 부정적 마음의 예방과 치료 모두에 운동이 좋은 것도 뇌부터 바꾸기 때문입니다. 스트레스 호르몬의 수준을 정상으로 유지함으로써 스트레스에 대한 예민함도 낮춰 주고, 집중력도 높여 줍니다. 엔도르핀 호르몬이 분비되어 기분도 좋아지고요. 운동으로 단지 근육이 커지고 힘만 좋아지는 게 아니에요.

운동이라고 해서 꼭 스포츠 종목을 할 필요는 없어요. 예전에 차 타고 가던 거리를 좀 빠른 걸음으로 걸어서 가는 것도 운동입니다. 등교나 하교, 학원 갈 때 걷기를 해 보세요. 비교적 규칙적으로 운동할 수 있습니다. 천천히 걷는 것은 에너지만 소모하고 운동 효과는 없으니 평소보다 좀 빠르다 싶은 속도로 걷는 게 좋습니다. 뇌에 들어가는 피의 양이 달라지면서 개운하게 머리를 청소하는 듯한 기분이 드니까요. 숨을 헐떡거리게 뛰고 힘들어해야만 운동은 아니에요. 물론 그때의 쾌감도 있지만요. 그래도 규칙적으로 꾸준히 할 수 있는 것을 추천합니다.

숨 한 번으로 마음을 평온하게! _ 느리게 호흡하기

걷는 것도 부담된다면, 아예 숨쉬기 운동은 어떨까요? 농담이 아닙니다. 숨쉬기 운동으로도 몸과 마음이 모두 나아질 수 있습니다. 안 그래도 숨은 쉬고 있다고요? 맞아요. 그런데 세 가지를 더 신경 써서 하면 돼요.

첫째, 되도록 천천히 숨을 쉬는 거예요. 특히 들이마실 때보다 내 쉴 때 더 시간이 오래 걸리도록 천천히 숨을 쉬는 게 중요해요. 둘째, 가슴보다는 배로 호흡한다고 생각하면서 숨을 쉬어야 해요. 복식 호흡이라는 말 들어보셨지요? 실제로 배 안으로 공기를 가득 넣는 것은 아니고, 그런 느낌으로 배를 움직이며 호흡하는 거예요. 셋째, 호흡에 집중하기예요. 무거운 아령을 들고 운동할 때 아령이 아니라 다른 곳에 신경 쓰면 다칠 수 있잖아요? 다치지 않아도 제대로 효과가 나게 운동하지는 못하겠지요? 마찬가지로 숨쉬기 운동도 운동이니까, 배를 써서 공기가 제대로 들어오고 천천히 나가고 있는지 집중해야 해요. 집중하는 사이에 부정적인 마음이 비집고 들어올 틈도 없어져서 좋아요.

우리는 평소에 뇌에서 일부러 지시하지 않아도 자율적으로 호흡을 합니다. 그래서 자기 호흡을 느끼기가 오히려 힘듭니다. 다음과 같이 손 모양을 만들어 호흡하면 확실히 자신의 들숨과 날숨을 느낄 수 있습니다.

두 손을 마치 가운데가 살짝 틈이 나 있는 계곡 모양으로 만든다는 생각으로 위치를 잡아 주세요. 재채기가 나올 때 두 손으로 급하게 막는 것과 비슷한데, 가운데 바람이 들고 날 공간이 살짝 있다는 것만 다르답니다.

주변을 조용하게 하고 코로 숨을 들이쉬어 보세요. 숨이 들어올 때 소리와 감촉이 손과 얼굴과 귀 등에서 느껴지실 것입니다. 그다음 숨을 내쉬어 보세요. 역시 몸속으로부터 나오는 따뜻한 기운과 함께 숨이 나가는 소리와 감촉이 느껴지실 것입니다. 보통 사람은 평상시 들숨과 날숨에 2.5초씩 걸립니다. 그런데 이왕 호흡에 신경을 쓰는 것, 좀 더 편안한 심리 상태가 될 수 있도록 부교감신경 반응을 더 키우기 위해 숨을 좀 더 느리게 쉬어 보세요. 계곡처럼 만들었던 구멍의 크기도 바꿔 가면서 자신이 가장 편안해지는 느낌을 찾아보세요. 아무것도 하지 않을 때 계속 꼬리를 물며 생겨났던 잡념도, 딱히 종교적인 의미라고 할 것도 없이 온전히 편안한 몸과 마음으로 변하는 자신만 느낄 것입니다.

호흡의 효과를 잠깐이라도 체험하셨다면 손을 내리고 이제 다음 단계의 호흡으로 나아가 봅시다. 온전히 숨을 들이쉬고 내쉬는 복식 호흡법이랍니다.

복식 호흡을 하는 이유는 흉식 즉 가슴을 움직여 호흡하면 심장과 폐 등 몸이 긴장하면서 교감 신경이 활성화되지만, 복부를 활용하면 소화기를 더 자극해 결국 부교감 신경을 활성화할 수 있기 때문이랍니다.

꼭 서서 하거나, 누워서 하거나, 앉아서 하거나 해야 하는 특정한 방법이 있는 것은 아닙니다. 자세는 결국 복식 호흡을 더 잘하기 위해서지 종교적 의식이 아니니까요. 다만 본인이 더 편안하게 느끼는 자세를 찾기는 해야 합니다. 저와 둘째 딸은 앉아서 하는 것이 편했고, 제 큰딸과 아내는 누워서 하는 것을 더 편안해해서 그렇게 호흡을 실행했어요.

저는 제 개인적 경험을 바탕으로 일단 앉아서 하는 것부터 설명할게요. 가부좌를 꼭 할 필요는 없어요. 다만 허리를 꼿꼿이 세울 수 있는 자세여야만 균형을 잃지 않고 호흡하기 쉬워 가부좌를 하는 것입니다. 다리를 펴고서도 허리를 세울 수 있다면 그렇게 하셔도 됩니다. 앞서 얼굴로 두 손을 가져가서 호흡을 느꼈다면 이제는 두 손을 복부에 놓으시면 됩니다. 두 손을 수직으로 왼손은 왼쪽 복부에, 오른손은 오른쪽 복부에 놓으면 어깨가 긴장될 수 있습니다.

편하면 이런 자세도 좋습니다. 하지만 그렇지 않다면 자기 복부를 소중히 안아 주듯이 두 손을 위치시키면 됩니다. 배가 풍선이 된 것처럼 생각하며 껴안아 보세요. 이렇게 복부를 두 손으로 만지는 것도 힘들다고 하면 아예 누워서 편안하게 복부에 손을 올려놓는 방법도 있습니다. 복부에 손을 올려놓는 이유는 복식 호흡을 더 도우면서 자기 호흡에 더 집중하기 위해서입니다.

두 손을 복부에 대고 천천히 숨을 들이쉬어 보세요. 마치 풍선에 공기를 채우는 것처럼. 그러면 공기가 들어오면서 횡격막이 배 위에 있는 자기 손을 밀어내는 것이 느껴지실 것입니다. 무엇보다 폐의 맨 아래까지 숨이 차오르는 것이 느껴지실 거예요.

여기서 중요한 사항이 있습니다. 1초에서 2초 사이 잠시 숨을 참아야 합니다. 호흡이 얼마나 중요한지 느낄 수도 있고, 활성산소를 줄이는 습관을 들이기 위해서랍니다. 그리고 숨을 내쉬세요. 이때는 공기를 들이마실 때보다 더 길게 내쉬려 노력해야 합니다. 부교감신경을 더 활성화해야 하니까요. 그렇게 숨을 다 쉬어 더 나올 것이 없는 것 같은 순간에 또 1초에서 2초 사이를 참아 보세요. 그다음 숨을 들이마시면 공기가 답답함을 없애는 기능을 하면서 고맙게 느낄 것입니다. 이런 식으로 최소 여섯 번 이상 반복해 보세요.

교감 신경과 부교감 신경이 건강한 균형을 찾으면서 마음이 느슨해지고 부드러우면서도 단단해지는 느낌이 들 것입니다.

노스캐롤라이나대 스티븐 포지스Stephen Porges 박사는 '호흡이 미주 신경심장, 폐, 소화기 계통과 연결된 뇌신경을 활성화하여 교감 신경계투

쟁-도피 반응와 부신 시스템을 진정시키고, 그 과정에서 심신이 빠른 속도로 안정을 되찾는다'고 말했습니다.

차분하고 느린 호흡이 즉각적인 효과를 냅니다. 그중에서도 날숨이 부교감 신경계휴식-소화 반응를 활성화해서 심신을 더 평온한 상태로 이끕니다. 부교감 신경계가 활성화되면 스트레스 호르몬인 코르티솔cortisol이 줄어들고, 에너지를 높여 줍니다. 교감 신경계가 계속 활성화되었을 때 투쟁-도피 반응에 매달려 심신이 쉽게 지쳤던 것과는 전혀 다른 결과지요.

뭔가 두려운 상황에서는 호흡이 빨라집니다. 하지만 호흡을 일부러 느리게 해서 몸 상태를 반대로 만들면 마음이 바뀝니다. 이것은 '체화된 인지embodied cognition' 연구에서 확인된 바이기도 합니다.

다른 사람이 된 것처럼 내 몸을 바라보자
_ 긴장 이완 훈련

하버드 의대 교수이자 심장병 치료 권위자인 허버트 벤슨Herbert Benson 박사는 심각한 신체적 질병도 마음의 힘으로 나을 수 있다는 것을 발견했어요. 심혈관 이상으로 시한부를 선고받은 사람도 마지막으로 인생을 정리한다며 버킷리스트를 마음 편하게 수행하니까 나은 사례가 있을 정도였어요. 벤슨 박사는 많은 진료 경험과 연구를 통해 긴장 이완 훈련을 고안해 냈어요.

긴장 이완 훈련은 말 그대로 긴장을 푸는 훈련이에요. 앞서 소개한 식습관 개선, 수면 습관 개선, 운동하기가 주로 뇌에 도달하는 영양분이나 뇌의 작용을 강조했다면, 긴장 이완 훈련은 근육의 변화를 강조해요. 목적은 당연히 근육만 말랑거리게 만드는 게 아니라, 마음을 더 편안하게 하는 것이고요.

긴장 이완 훈련은 몸의 근육을 차례대로 약 10초 동안 바짝 수축시켰다가 풀어 버리고, 15~20초 동안 이완했을 때와 수축했을 때 무엇이 다른지를 느끼면서 마음을 편하게 하는 것이 핵심이에요.

긴장 이완 훈련을 효과적으로 하려면 일단 조용하고 편안한 장소를 선택해야 해요. 방해받지 않고 끝까지 하려면 여러분의 방이 가장 좋겠지요? 방에서 하는 게 힘들다면 주변의 방해가 덜한 공간을 선택하세요. 그곳에서 서 있는 것보다 앉기를 추천합니다. 가능하면 앉아 있는 것보다 누워서 하면 더 좋아요. 근육을 이완시켜야 하니까요.

여기서 잠깐! 완벽한 조건이 갖춰지지 않았다고 시작조차 안 하는 것은 비합리적 신념이 만든 덫이라고 했죠? 가능한 부분까지라도 일단 실행해 보세요. 다음과 같이 말이에요.

⇨ 특정 근육을 10초 동안 바짝 조여요. 순서를 정해서 하면 좋으니 주로 발부터 시작해 차례대로 위로 올라오며 얼굴로 끝내거나 얼굴부터 시작해 아래로 내려가 발로 끝내기도 합니다. 혹은 자기가 등부터 하는 게 편하면 그렇게 해도 상관없어요. 몸의 여러 부위를 골고루 하는 게 핵심이니까요.

⇨ 지금 조이고 있는 근육이 긴장되는 것을 느껴요. 그러다 10초 정도 지나면 갑자기 근육을 풀어요. 근육이 갑자기 풀어지는 느낌을 즐겨요. 다음 차례의 근육을 수축시키기 전에 15~20초 동안 이완 시간을 가져요.

이런 과정을 부위를 옮겨 가며 계속 반복해요. 그런데 만약 특정 부분에서 긴장감이 특히 많이 느껴지면 그곳만 두세 번 반복한 다음에 넘어가요.

이렇게 말했어도 처음에는 어떻게 하는지 잘 이해되지 않을 수 있어요. 그러면 유튜브의 보건복지부 국민건강증진센터 채널에 올라와 있는 '마음 안정화를 위한 근육 이완 운동'*이라는 동영상을 참고해 주세요. 일단은 그 영상에서 나오는 대로 시작하기를 추천합니다. 익숙해지면 근육을 이완시키며 앞서 말했던 복식 호흡법

---

* https://www.youtube.com/watch?v=j6lCKnpn054

을 함께 써 보세요. 훨씬 효과가 있어요.

만약 시간이 많지 않고, 장소도 마땅하지 않다면 눈을 감고 편안한 곳에서 자신이 명상하듯이 앉아 있는 장면을 상상해도 근육을 조금 이완시킬 수 있어요. 완벽하게 하려고 하기보다는 지금보다는 더 편안하게 몸과 마음을 이완시킨다는 생각을 가져야 더 효과가 있어요.

여섯 번째 편지

부정적인 마음을 작은 것부터
차근차근 변화시켜 봅시다

지금까지 이야기를 잘못 이해하면 마치 부정적인 마음으로 고생하게 하는 원흉이 바로 자기 자신이라고 생각하면서 자기를 더 공격하게 될 수도 있어요. 절대 그런 이야기가 아니에요. 부정적인 마음을 만드는 외부 원인도 많아요. 다만 여러분이 직접 나섰을 때 가장 효과가 크기 때문에 여러분이 직접 변화시킬 수 있는 것들을 강조하다 보니 이야기의 중심이 내부적인 것들이 된 거예요.

이란의 대표적 시인인 루미는 이렇게 말했어요.

너는 네가 문의 자물쇠라고 생각하겠지만,
너는 문을 여는 열쇠다.

여러분이 새로운 변화를 만드는 열쇠라서, 그 열쇠를 사용하라고 드린 말씀이에요. 여러분은 지금 아주 잘하고 있어요. 입장을 바꿔 볼까요? 가족이나 친구가 부정적인 마음으로 고생하고 있는데, 더 행복해지고 싶어서 책을 읽고 여러 방법을 실행하려고 한다면 칭찬해 줘야 할까요, 문제점을 찾아내서 지적해야 할까요?

아셨죠? 여러분도 자신에게 "어렵지만 정말 잘 버텼고, 아주 잘하고 있어."라고 칭찬해 주세요.

정신 승리 아니냐고요? 아니요. 백번 양보해서 정신 승리라고 해도, 굳이 스스로 가혹하게 평가해서 정신 패배를 자초할 이유는 없지 않나요?

'시작이 반이다'라는 속담이 있어요. 부정적인 마음의 실체가 무엇인지 아는 순간, 주관적으로 감정에 휘둘리기만 하는 게 아니라 객관적으로 자기감정을 살펴보게 돼요. 그것만 해도 예전에는 못 했던 큰 변화예요. 설령 똑같이 휘둘리더라도 일단 멈칫하게 되거나, 휘둘린 다음에 다시 찬찬히 돌아보게 됩니다. 이게 변화잖아요? 이미 변화가 시작된 거죠. 완벽한 성공은 아니어도 변화에는 성공한 거예요.

변화의 목표를 너무 버겁게 잡지 마세요. 이미 변하기 시작했으니 더 좋게 변할 수 있는 부분을 찾아보세요. 힘든 것부터가 아니라, 더 쉽게 변할 수 있는 것부터 찾고 실행해 보세요. 그렇게 하면서 자신감을 높여 행복과 성장으로 나아가는 거예요. 설령 원하던 것을 다 이루지 못해도, 변했다는 것 혹은 변하려 했다는 사실에 더 집중해서 자기를 칭찬해 주세요.

1부에서 말했던 것처럼 부정적인 마음을 느끼지 않아도 문제예요. 다른 사람의 불안, 우울감, 무기력에 대해서 인간적인 공감도 할 수 있고, 부정적인 마음을 통해서 자신을 다시 되돌아보고 성장의 발판을 만들 수도 있으니까요. 부정적인 마음을 느꼈느냐, 아니냐가 아니라 필요 이상으로 많이 휘둘렸느냐 아니냐가 중요해요.

혹시라도 2부에 소개한 방법을 실행했는데, 일상에서 부정적인 마음이 들더라도 좌절하지 마세요. 부정적인 마음이 드는 것은 당연해요. 그런 마음이 든다고 해서 나쁜 사람이 되는 게 아니에요. 단지 너무 과하게 흔들려서 자기도 불행해지고 다른 사람과도 갈등을 키울 수 있어서 관리하는 거예요.

부정적인 마음을 1그램도 남기지 않겠다는 듯이 다 없애려 하지 마세요. 다 없애지 않아도 충분히 버텨 내고 적응하고 행복할 수 있으니까요. 부정적인 마음을 다 없애려 하면 일상이 부정적 마음을 일으켜 터져 버릴 수도 있는 지뢰밭처럼 느껴질 수 있어요. 부정적인 마음 자체에 예민해져서 오히려 더 부정적인 마음이 생기고 말아요. 2부에 소개한 방법들은 부정적인 마음을 완벽하게 다 없애기 위한 것이라기보다는 잘 관리하기 위한 것임을 잊지 말아 주세요.

자신을 칭찬하려면 다른 사람의 눈이나, 완벽한 기준으로 자기를 보는 것에서 벗어나야 해요. 예를 들어 책에서 5분간 긴장 이완을 하는 게 좋다고 했는데 3분 정도에서 멈췄다고 자기를 비난하면 부정적인 마음에 더 휘둘리게 돼요.

"역시 넌 제대로 하지 못해."

이런 마음이 들지 않게 자신과 대화해야 해요. 아예 시도도 안 할 수 있었는데 일단 3분은 해 낸 자신을 칭찬해요. 그리고 왜 3분에서 멈췄는지 이유를 찾아야 해요. 만약 5분 동안 하는 게 너무 버겁다면 목표를 낮춰야 해요. 자신을 깎아내리는 게 아니라, 자신을 힘들게 하는 것을 낮추면 돼요. 대신에 자기가 한 것에 대한 점수를 주는 거예요. 힘들기 시작한 2분에서 바로 멈춘 것이 아니라, 3분을 한 것이니 인내력을 30% 정도는 갖고 있다는 식으로요.

추상적으로 "잘해"보다는 숫자를 쓰는 게 좋아요. 그래야 더 객관적으로 자기를 잘 설득할 수 있으니까요.

"오늘 호흡 훈련은 잘했다"가 아니라 "졸음이 밀려왔는데도 호흡을 5분 동안 했다." 식으로 구체적일수록 좋아요. 여러분 자신에게 좋은 코치가 되어 주세요.

'여러분이 여기 149쪽까지 읽으며 변화를 시작한 것을 다시 한번 칭찬합니다.'

여러분도 숫자를 넣어서 부정적인 마음에서 벗어나기 위해 노력한 여러분의 과정을 칭찬해 보세요. 힘이 더 생길 거예요. 그 힘으로 이제 마지막 장까지 더 가 봅시다. 그리고 혹시 나중에라도 또 힘이 떨어질 때면 자신을 칭찬해 보세요. 여러분 자신을 긍정적인 눈으로 세심하게 관찰하는 코치처럼.

7. 내 마음을 지긋이 바라보기

_ 마음챙김으로 예방과 치료하기

부정적인 마음 놓아주기 _ 마음챙김

지금까지 신념과 생각을 바꾸거나, 몸의 상태를 바꿔서 부정적 마음에서 멀어지는 길을 함께 알아봤어요. 그 방법으로 불안, 우울감, 무기력에 대한 예방과 치료를 할 수 있어요. 이번 장에서는 몸과 마음을 함께 움직여 효과를 높이는 방법을 소개할게요. 이 장에 소개하는 방법은 '마음챙김mindfulness' 연구에서 효과를 검증한 것들을 중심으로 다룰 거예요.

마음챙김이란 마음을 느슨하게 놔주면서 가만히 바라보는 태도예요. 그것을 이해하면 부정적 마음을 잘 예방하고 치료할 수 있어요.

최고의 전략은 가장 좋은 것을 선택하기 전에, 하지 말아야 할 것을 하지 않는 것부터 시작해야 하잖아요? 부정적 마음을 예방하고 치료하기 위해 하지 말아야 할 것은 뭘까요? 당연히 부정적 마음을 계속 틀어쥐고 있는 거잖아요. 그러니 부정적 마음이 들어왔다고 싸우느라 붙잡는 것보다 시간을 끌지 말고 휙 빠져나갈 수 있게 가만히 지켜보는 게 최고의 전략이 되는 거죠.

비유를 바꿔 볼게요. 폭포에서 물이 막 떨어져요. 그 물이 떨어지는 가운데로 들어가서 물을 온몸으로 맞으며 시간을 보내는 것과, 한 걸음 떨어져서 물이 어떻게 떨어지는지 보고 그 물이 어디로 흘러가는지 보며 시간을 보내는 것 중, 어떤 것이 더 몸과 마음이 평안할까요? 물이 떨어지는 곳에 몸을 밀어 넣고 그것을 치열하게 잘 사는 것처럼 생각하는 마음을 잡아 세우는 게 더 좋겠지요?

그래서 마음챙김에서는 자극에 마음이 휘둘리지 않고 한 걸음 물러나서 더 여유 있게 반응하도록 마음의 공간을 확보하는 것을 중요시해요. 그렇다면 마음의 공간은 어떻게 만들 수 있을까요? 이미 여러분은 알고 있어요. 폭포 바로 밑이 아니라, 한 발짝 뒤! 그런데 한 발짝 뒤에 그냥 있는 게 아니라 관찰하는 것입니다. 부정적 마음이 들어왔다가 나가는 것을 지켜보는 거예요.

그런 관찰이 무슨 효과가 있냐고요? 처음부터 끝까지 관찰하고 있으니 즉각적으로 부정적인 반응을 하지 않아요. 부정적 반응 때문에 또 다른 문제가 생기잖아요. 불안하다고 섣불리 대책을 세우다가 또 걱정거리를 만들고, 우울하다며 비관적으로 세상을 보고 다른 사람을 밀어내며 관계가 멀어질 수도 있는데, 관찰하는 동안에는 문제가 더 커지지 않잖아요.

그리고 관찰을 통해서 자기의 부정적 마음의 실체를 잘 알게 돼요. 그 마음이 어떻게 생기고 어떤 식으로 사라질지도 알게 되면 '이러다 사라지겠지'라면서 감정도 덜 요동쳐요. 분명히 부정적 마음이 생겼지만 부정적 마음에 막 휘둘리지는 않는 거죠.

부정적 마음을 어떻게든 막는 게 아니라, 부정적 마음이 생긴

순간에 느끼는 감정과 생각에 초점을 맞춰 관찰하는 게 핵심이에요. 그래서 마음이 절벽을 향해 질주할 수도 있는 위기에서 브레이크를 밟는 효과를 얻을 수 있죠.

어떻게 관찰하면 되냐고요? 부정적 자극을 마치 마음이라는 연극 무대에 올라온 배우처럼 바라보는 거예요. 굳이 그 배우에게 말을 걸거나, 무대에 올라가 연극을 방해할 필요가 없어요. 배우가 연기하고 무대에서 사라질 때까지 보면 됩니다. 단, 시나리오가 얼마나 나쁜지, 배우가 어떤 실수를 하는지 기다리며 매서운 눈으로 살펴보는 게 아니에요. '저 배우는 이렇게 연기하는구나.'라고 있는 그대로 받아들이려는 자세가 중요해요. 평가가 아니라 관찰이 목적이니까요. 좀 더 마음의 여유가 있으면 연민을 담은 관찰도 가능해요. '저 배우는 지금 힘들어서 이런 연기를 하고 있구나.'라면서 응원하는 마음도 가져 보고요.

어떤가요? 이런 장면을 떠올리는 것만으로도 부정적 마음에 압도되어 반응하는 것과는 완전히 다르게 차분해지지 않나요?

지금 내 몸이 이렇구나 _ 소마틱스 활동

마음챙김에서 관찰을 더 잘하기 위해서 소마틱스Somatics를 함께

하기도 해요. 소마틱스는 겉으로 보면 맨손체조 혹은 요가와 굉장히 비슷해요. 하지만 몸을 유연하게 하거나 날씬해지려는 목적이 아니에요. 자기 몸을 관찰하는 게 목적이에요. 겉으로 보이는 모습을 관찰하려면 거울을 보면 되겠지요? 하지만 소마틱스는 몸 안의 느낌을 관찰하는 거예요.

예를 들어 볼까요? 선 상태에서 마치 인사를 하는 것처럼 몸을 앞으로 최대한 숙여 보세요. 유연성을 위한 거라면 좀 무리가 가도 더 숙여서 인대와 근육 상태를 변화시키는 것에 집중해야겠지요. 하지만 소마틱스에서는 최대한 숙였을 때의 느낌에 집중해요.

'아, 허리가 아프구나. 그동안 이렇게 굳어 있었구나.'

굳어 있다는 것을 알면 다음에 오랫동안 의자에 앉아 있을 때 아무래도 더 신경을 쓰게 됩니다. 덜 굳게 할 방법도 자연스럽게 찾게 되지요. 하지만 한 번에 변화를 위한 동작까지 다 하는 게 아니에요. 일단 관찰만 하는 거예요. 자기 몸이 어떤지 아주 충분히 느끼는 게 우선이에요.

자기 마음도, 다른 사람의 마음도 솔직히 다 확실하지는 않아요. 하지만, 자기 몸부터 확실하게 알면 불확실성이 확 줄어들면서 더 자신감을 느끼는 바탕이 돼요. 자신감이 있으면 외부 자극에 반응할 때도 덜 민감해집니다. 부정적 마음이 들던 상황에 대해서도 덜 민감하게 반응해요. 마치 충돌 직전에도 믿음직하게 브레이크를 잘 작동시키는 자동차처럼요.

자기 몸을 잘 관찰하기 위해 건포도를 입에 넣고 그 감각을 꼼꼼하게 느끼는 방법도 있어요. 유튜브 등에서 마음챙김 수련 방법을 검색하면 다양한 정보를 구할 수 있으니 한번 시도해 보시기를 추천합니다.

이왕 관찰하는 김에 감성적인 것들을 느끼면서 하는 게 더 마음에 여유가 생기겠지요? 시각적으로는 꽃, 그림, 조각, 영화, 연극, 뮤지컬, 춤 공연을 보세요. 그러면서 자신이 무엇을 느끼는지 관찰하는 거예요. 자신이 그런 감정이 있었는지도 몰랐던 것을 발견하는 재미와 놀라움을 얻을 수 있어요. 뻔하지 않은 도전이라서 우울하거나 무기력에 빠질 위험도 그만큼 줄어들고요. 자신이 앞으로 무엇을 느낄지 모르는 게 불확실성이기는 하지만 긍정적이라서 불안은 멀어지고 긍정적 불확실성을 즐기는 습관도 들이게 돼요. 박물관과 공연장을 자주 찾지 않더라도 인터넷을 통해서 사진과 영상을 찾아보기를 추천합니다.

미각을 활용할 수도 있어요. 새로운 음식에 도전해서 새로운 맛을 느끼고, 좋아하던 음식을 천천히 먹으며 새로운 것을 느낄 수도 있어요. 마찬가지로 후각과 촉각, 청각 등의 감각을 다양하게 활용하면서 관찰해 보세요. 부정적 마음이 끼어들 틈이 없어 일상이 다르게 느껴질 거예요.

자신과 대화하며 일상 습관 바꾸기 _ 비폭력 대화법

원래 <mark>비폭력 대화</mark>법은 폭력적으로 상황을 해석하고, 상대에게 폭력적으로 메시지를 전달하는 것을 막기 위해 만든 소통 방법이에요. 그런데 이 책에서는 상대가 아니라 자기 자신에게 비폭력적으로 대화하는 방법을 알려 주고 싶어요. 폭력적으로 말하는 사람이 하는 이야기는 여러분도 듣기 싫지요? 폭력적이지 않아야 더 말을 집중해서 듣겠지요? 자기에게 하는 말이 부정적이고 폭력적인 것보다 긍정적이고 비폭력적이라면 더 마음이 편해지겠지요?

비폭력 대화는 4단계로 이루어집니다.

• 1단계 관찰

있는 그대로 보고 듣는 단계입니다. 앞에서 연극 무대에 선 배우를 관찰하는 것에 비유한 것 기억하지요? 추측이나 평가가 아니라 객관적인 사실을 관찰합니다.

• 2단계 느낌

몸과 마음에서 일어나는 반응을 표현합니다. '내가 지금 어떤 상태인 것 같아?'라는 식으로 상대방에게 문제를 내서 맞히는 게 아니에요. 상대가 내 마음을 다 알아야 할 의무가 있는 것처럼 강요하면 안 됩니다. 화가 나서 몸이 떨리면, 그 사실 자체를 표현하면 됩니다.

• 3단계 욕구

느낌을 일으키는 욕구, 원하는 것을 찾아냅니다. 예를 들어 계속 말을 해도 상대가 집중해서 듣지 않고 무시하는 것 같다면 존중받고 싶은 욕구가 좌절되어 화가 났음을 확인하는 것입니다.

• 4단계 부탁

우리 삶을 더 좋게 만들기 위해 구체적인 행동을 부탁합니다. 예를 들어 "너는 내 말을 늘 안 듣고 나를 무시하더라" 식으로 공격적으로 말하는 게 아니에요. "나는 네가 내 말을 집중해서 들어줬으면 좋겠어. 얼마나 잘 이해했는지 확인하고 싶으니까, 내가 한 말의 핵심이 무엇인지 이야기가 끝나면 말해 줄래?"라고 구체적으로 부탁하는 거예요.

이렇게 네 단계로 자기와 대화하는 거예요. 예를 들어 학교에서 숙제 공지를 듣고 나서 불안한 마음이 든다면 다음과 같이 해 봅시다.

• 1단계 관찰

네가 그 과제를 기한 내에 마무리해야 한다는 말을 들었을 때 한숨을 쉬었는데…….

• 2단계 느낌

어디서부터 시작해야 할지 참 막막한 느낌이 들어서 그랬어.

• 3단계 욕구

과제를 그냥 하기 싫은 게 아니라, 잘하고 싶은데 제대로 된 정보가 없어서 답답한 것이니까.

• 4단계 부탁

더 자세한 정보를 선생님이나 다른 친구들에게 물어보는 게 어떨까?

매끄럽게 문장이 연결되지 않아도 돼요. 이런 식으로 4단계를 차례로 밟아가는 게 중요해요. 추리하고 평가하고 자동으로 반응하지 않고 차분히 따져 보는 게 가장 중요해요. 그 과정만으로도 부정적 마음에 휘둘리는 것을 막을 수 있으니까요. 이렇게 비폭력 대화법으로 자기에게 이야기하면 자연스럽게 마음챙김을 하는 효과가 있어요.

한 발짝 떨어져서 관찰하는 태도를 갖추려면 여유가 있어야 하죠? 여유를 갖자면 서두르지 말고 일하는 습관을 들여야 해요. 처음부터 천천히 하기는 힘들어요. 예전보다 조금만 더 천천히 하면 돼요. 제3장에서 소개한 것처럼 퀵 윈으로 조금씩 바꿔도 누적되면 엄청난 성과를 얻을 수 있어요.

천천히 한다는 말이 일부러 느리게 한다는 뜻은 아니에요. 즉각적으로 반응하지 않고, 계획을 세우고, 자신의 실행 사항을 확인하고, 실수했다면 왜 했는지 살피고, 성공했으면 왜 성공했는지도 살피는 식으로 오히려 부지런히 다양하게 마음을 써야 해요. 여유를 가지며 천천히 한다는 말은 차분히 꼼꼼하게 따져 본다는 뜻에 더 가까워요.

이런 습관을 들이려면 일정한 시간에 루틴대로 하는 게 좋아요. 예를 들어 아침 먹고 이동 중에는 계획을 세우고, 점심 먹고 나서는 실행 사항을 챙기고, 저녁 먹고 나서는 실수 요소와 성공 요소를 정리하는 식으로 말이에요. 아예 그런 루틴을 실행하기 전에 앞에서 배운 호흡법이나 이완 훈련을 하면 더 차분하게 마음을 챙길 수 있겠지요?

언어 습관도 새로 들이는 게 좋아요. 무엇보다도 '나는 이래야 해'가 아니라 '나는 이렇다'라고 말해 보세요. 우울증에 걸리는 이유 중에는 자기에 대한 당위성, 즉 꼭 어떤 모습을 갖춰야 한다고 생각하는 게 중요한 역할을 한다고 말씀드렸죠? 그리고 꼭 어때야 한다는 이상적인 상태를 실현하려는 완벽주의가 무기력과 불안에 큰 영향을 줘요. 그러니 일상에서 당위성과 완벽주의를 자극하는 말보다는 현재 상태를 있는 그대로 관찰해서 담담하게 표현하는 습관을 갖는 게 좋아요. 즉 '나는 ○○○다'라는 말을 해 보세요.

흔히 '나는 ○○해야 한다'라고 할 때 빈칸에 들어가는 단어는 다른 사람들이 강요했거나, 자신에게 많이 부담되는 대상일 확률이 더 높아요. 그 대상을 생각하고 말하는 것만으로도 스트레스를 받게 되겠지요? 그러니 스트레스를 줄이고 여유를 되찾기 위해 자기 현재 상태를 그대로 말하는 습관을 들여 보세요.

저 같은 경우에는 '좋은 글을 써야 한다'가 아니라, '글을 꾸준히 쓰고 있다'라고 표현합니다. 평가가 아니라 관찰만 있어요. 꾸준히 글을 쓰는 사람이니 저 자신이 작가라는 것에 의심도 별로 없습니다. 누가 뭐 하는 사람이냐고 한심하다는 듯이 말해도 부정적 마음이 쉽게 생기지 않아요. 상대가 인정하지 않더라도, 확실히 저는 일 년에 책 몇 권을 낼 정도로 꾸준하게 글을 쓰니까요.

그러나 만약 제가 "꾸준히 글을 써야 한다."라고 생각했다면 어땠을까요? 강박이 되어 어쩌다가 건강 상태가 안 좋아 글을 못 쓸 때는 스트레스를 받았을 거예요. 억지로 쥐어짜느라 글의 내용에도 문제가 생겼을 거예요. 글을 쓰는 습관이 있는 것은 똑같지만, 그것을 당위로 생각하느냐 그냥 쉽게 관찰할 수 있는 일상으로 생각하느냐는 확실히 달라요. 일상의 대부분을 글쓰기로 보낸다고 해서 특별한 게 아니라 다른 일상처럼 표현합니다. 참고로 저는 글을 못 쓰게 된 날에는 '오늘 나는 글을 쓰지 않고 다른 일을 했다.'

라고 관찰한 바를 그대로 표현합니다.

왜 이렇게 관찰을 강조할까요? 불안은 미래, 우울감은 과거, 무기력은 미래에 주로 집중해요. 그래서 현재에 더 집중해서 부정적인 마음이 영향을 줄 가능성을 줄이는 거예요. 현재에 집중하면 자동적 사고로 비합리적 신념이 생각을 지배하는 것도 막을 수 있어요.

단, 관찰하면서 나중에 평가하려고 해서는 안 돼요. 현재 자체에 집중하려면 판단하지 않고 이 순간 자체를 음미하겠다는 자세가 필요해요. 그래서 섣불리 어떤 상황이나 감정에 이름을 붙이는 습관에서 멀어져야 해요.

예를 들어, 반 친구가 교실에 앉아 있는 내 쪽을 보고 나서 휙 뒤쪽으로 몸을 돌려 나갔어요. 그러면 그 상황을 자기가 본 그대로 인식해야 부정적 마음이 끼어들지 않아요. 만약 "나를 무시하고 못 본 척 돌아갔다."라고 평가하고 상황에 의미를 부여하고 본 것 이외에 무엇인가를 덧붙여 표현하면 화가 치밀어 오르기 쉬워요.

그 친구가 교실 안에 있는 사람 중 나를 정확히 보고 돌아서지 않고, 자기 생각에 빠져 있다가 문득 까먹었던 것이 떠올라서 발걸음을 돌렸을 가능성을 생각할 겨를도 없이 자동적 사고로 마음은 더 부정적으로 돼요. 어떤 것이 진실이냐를 생각하는 것 자체도 에너지가 많이 들어요. 친구에게 물어봐도 진심에서 나오는 이야기를 반드시 들을 수 있다는 보장도 없고요. 이렇게 더 부정적으로 흐를 수 있는 지점이 많으니 아예 관찰한 것을 있는 그대로 표현하는 것에 집중하자는 거예요.

물론 쉽지는 않아요. 그래서 마음의 브레이크를 밟고 여유를 갖는 습관을 계속 들이는 거예요. 아무 평가도 하지 않는 게 힘들면 적어도 중립적인 평가나 평가를 유보하는 표현만 하겠다는 마음이라도 가져야 해요. 즉 "내가 모르는 이유로 반 친구가 교실로 들어오다가 나갔다."라는 식으로 말이지요.

조그만 일상의 변화가 부정적인 마음을 키워 고통에 빠지게 했던 것처럼, 방향을 바꾸면 조그만 일상의 변화가 마음의 평화와 행복을 가져올 수 있어요. 부디 일상의 변화로 부정적 마음을 예방하고 치료하시기를 응원합니다.

✉ 일곱 번째 편지

오늘부터 내 마음을 오롯이 바라봅시다

"네 고통은 나뭇잎 하나 푸르게 하지 못한다."

기형도의 시구절입니다. 부정적인 마음이 만들어 내는 고통에 빠져 있으면 세상이 잿빛으로 변하는 느낌이에요. 자기 손이 닿는 것들은 마법에 걸린 것처럼 더 나빠지는 것 같아요. 하지만 느낌은 느낌일 뿐! 객관적으로는 나뭇잎 하나 푸르게 하지 못합니다.

부정적 마음은 현실을 왜곡해서 생각하는 것부터 시작한다고 했죠? 냉정하게 따져 봐야 합니다. 아무리 고통받아 심장에 굳은살이 박여도, 흐르는 눈물을 주체할 수 없고, 분노로 심장이 터질 것 같아도 그것만으로는 현실이 바뀌지 않습니다. 그렇게 고통을 받는다고 해도 다른 존재를 쉽게 변화시킬 수 없습니다. 우리는 우리 자신을 변화시킬 수 있을 뿐입니다. 고통받아서가 아니라, 고통이 싫어서 변할 수 있습니다.

저는 얼마나 고통받고 있는지 증명하고 싶었던 적이 있습니다. 누군가 꺼내 주기를 바라면서 말이지요. 하지만 사람들은 각자 자기 삶에 신경 쓰느라 나처럼 내 인생에 계속 관심을 가질 수 없습니다. 냉정하게 말하자면, 나의 고통은 다른 사람들한테는 기껏해야 일주일 지나면 잊힐 기억일 뿐이에요. 제가 왜 고통받고 있는지도, 끝내 이해하지 못하겠지요.

더 냉정하게 따지다 보면 다음과 같은 결론에 이르게 됩니다. "세상은 원래 나 없이도 돌아가던 곳이었다."

우울할 때 이런 생각이 들어요. 자기만 세상 가장 구석진 곳에 처박혀 있는 느낌이니까요. 하지만, 나 없이도 돌아가던 곳이라는 말이, 나 없이 돌아가면 더 좋다는 뜻은 아닙니다. 다른 긍정적인 뜻을 더 많이 가지고 있습니다.

나 없이도 돌아가던 곳이니, 내가 씨앗을 뿌리는 데 전혀 도움 주지 못한 곡물로 만든 음식을 먹을 수 있습니다. 나 없이도 만들어진 도로를 내가 걷기도 했습니다. 내가 만들지 않은 발전소에서 만든 전기로 내 방의 어둠을 밝힐 수 있습니다.

세상은 나에게 상처를 많이 주지만, 생각해 보면 나에게 제공하는 것도 많아요. 왜 이런 걸 누릴 수 있을까요? 부정적 마음에 휩싸여 생각하는 것만큼 세상 저편에 홀로 떨어져 있지 않기 때문이에요. 우리는 생각보다 많이 서로 연결되어 있어요.

내가 겪는 고통은 누군가가 겪고 있는 고통일 수 있고, 그중 어떤 사람은 그것을 노래로, 소설로, 영화로 이미 만들었는지도 몰라요. 그런 작품을 통해 감정을 나누면서 슬프지만 위로를 받는 행복을 느낄 수도 있어요. 혼자 고통받고 있다고 가만히 있을 때보다 힘을 얻게 될 거예요. 지금 아픈 것은 자신을 괴롭히는 일 말고 다른 것을 찾는 데 덜 노력한 탓도 조금은 있어요.

사람이 자신의 상태를 정확히 이해하면 변화가 시작돼요. 왼팔이 아프다는 것을 정확히 알면 왼팔을 무리하게 쓰지 않고 조심하면서 오른팔로 일 처리를 더 해요. 그러면 무턱대고 왼팔을 쓰며 고통받는 일은 줄어들겠죠. 마음이 지금 아프면, 아프지 않다고 부정하지도 자신을 더 아프게 계속 몰아붙이지도 마세요. 그저 아픈 것을 인정하고, 마음의 다른 쪽을 쓰세요. 혹은 아예 몸을 쓰거나요.

충분히 고통받았으니, 마음을 계속 아프게 쓰는 것은 그만하고, 이제 부정적 마음으로부터 자기를 구출해 보세요. 여기까지 이야기를 다 읽은 여러분이라면 충분히 그럴 생각과 능력과 의지가 있어요. 지금 제 말만 믿지 말고, 이 책을 읽은 여러분 자신을 더 믿어 보세요.

저는 여러분을 믿어요. 마냥 상황을 좋게 보는 사람이라서는 절대 아니에요. 세상에 그 많은 이야기 중에 그리 유명하지도 않은 제 이야기까지 찾아 읽고, 나아지려고 생각하고 여러분이 실제로 끝까지 이 책을 봤다는 아주 확실한 사실 때문이랍니다. 긍정적인 사실이 있으니 긍정적인 마음을 가질 수밖에 없지요. 그 마음으로 여러분의 성장과 행복을 응원합니다.

부디 제가 전한 이야기가 조금이라도 도움이 되기를 바랍니다.